La colección Antropología y Procesos Educativos aspira a publicar resultados de proyectos socio-antropológicos de investigación que indaguen procesos educativos escolares y no escolares.

Interesan etnografías que prioricen experiencias y perspectivas de los actores involucrados en procesos educativos, que utilicen múltiples métodos de generación de datos y reconozcan la centralidad del investigador en el proceso de investigación.

Recibimos trabajos que presenten desafíos epistemológicos y conceptuales respecto a las estructuras educativas y políticas y cuya área de discusión alcance relevancia para un público internacional.

Coleccion Antropologías y procesos educativos

Edición: Primera. Diciembre 2021
ISBN: 978-84-18929-12-0
Depósito legal: M-32384-2021
Lugar de edición: Buenos Aires, Argentina / Barcelona, España

Thema: JHMC (Social & cultural anthropology)
Bisac: SOC002010 (Anthropology / Cultural & Social)
WGS: 860 (School and learning / Adult education/adult education centre)

Diseño: Gerardo Miño
Composición: Laura Bono

Dirección postal: Tacuarí 540
(C1071AAL) Buenos Aires, Argentina
Tel: (54 011) 4331-1565
e-mail producción: produccion@minoydavila.com
e-mail administración: info@minoydavila.com
web: www.minoydavila.com

Lucía Caisso

Una escuela como ésta

Etnografía de experiencias educativas en un movimiento social

ÍNDICE

A Marcela Expósito, cuya memoria vivirá por siempre junto a la de Darío Santillán y Maximiliano Kosteki.

A todos los que apuestan cotidianamente a la potencia transformadora de las experiencias educativas.

"[En la cárcel] *los libros y revistas solo proporcionan ideas generales, bosquejos más o menos logrados de las corrientes generales de la vida del mundo, pero que no pueden proporcionar la impresión inmediata, directa y vívida de la vida de Pedro, Pablo o Juan, de cada personaje real que al no ser comprendida, tampoco nos permite comprender aquello que está universalizado y generalizado*"

Antonio Gramsci

"*El camino es siempre inconcluso, la comprensión de las realidades tanto propias como ajenas casi siempre será provisional e incompleta. Por eso, es necesario escribir*"

Elsie Rockwell

PRÓLOGO

De lo educativo político o de lo político educativo

> *"(...) los lectores se apropian de los textos, los hacen significar otras cosas. Cambian el sentido, interpretan a su manera deslizando su deseo entre líneas: se pone en juego toda la alquimia de la recepción"*
>
> Michèle Petit, 1999

Este texto focaliza en el análisis de *experiencias educativas* configuradas en la trama sociopolítica y organizativa de un movimiento social. Sin embargo, también podría decir que el foco de interés remite al análisis de *procesos sociopolíticos* que emergen de esas experiencias educativas. Con ello no pretendo enmarañar la clara y excelente problemática que Lucía Caisso explora en este libro, bellamente escrito. Solo deseo mostrar algo de lo generado al incursionar en su lectura, porque me permitió ingresar a un conjunto de vivencias y conocimientos movilizadores en tanto dialogué, interrogué, me sorprendí y se activó mi imaginación. En palabras de M. Petit podría decir que ingresé al proceso de "lectora trabajada" por el texto en tanto éste movilizó en mí un conjunto de sentidos sobre su contenido (Petit, 1999). Una situación que habla, indudablemente, del valor y la relevancia de lo que se encuentra condensado en estas páginas.

Si bien los aportes del texto son múltiples dedicaré este prólogo a enfocarme en el aspecto que considero como la contribución más importante del libro y que se destaca por la fuerza que va adquiriendo a lo largo de las páginas. Me refiero a las reflexiones que la autora habilita a propósito de la imbricación de lo educativo con lo político en las experiencias educativas estudiadas. Una imbricación que se explora tanto a propósito de los espacios escolares en los que se involucra el movimiento social analizado (un Bachillerato Popular y un "aula" del programa FinEs Primaria) como a propósito del proceso formativo que suponen para los integrantes de la organización las prácticas de la militancia territorial.

En el marco de esa exploración lo que se evidencia a lo largo de todo el libro es el proceso de configuración mutua entre los campos de lo educativo y de lo político, entendiendo tanto a uno como al otro polo de esta relación en su sentido más amplio: lo educativo como lo escolar, como lo pedagógico, como los programas y políticas públicas de Educación de Jóvenes y Adultos pero también como los procesos formativos más informales, más inconscientes, más naturalizados; lo político como la participación en colectivos políticos organizados y como los sentidos de transformación que movilizan cotidianamente a los sujetos pero también como los procesos políticos más generales que limitan, configuran y atraviesan a esas expresiones políticas de las clases subalternas. Campos que, aunque suelen presentarse como diferenciados, se instituyen entre sí tal y como se evidencia a lo largo de esta obra: lo educativo se constituye en una experiencia política y, simultáneamente, lo político se instituye en una experiencia educativa. Campos que implican relaciones pedagógicas en los que, explícita o implícitamente, se transmiten, se apropian, se intercambian, circulan saberes, bienes materiales y culturales, políticas públicas, conocimientos y prácticas que se configuran relacionalmente.

Es en este sentido que Antonio Gramsci ha planteado que las relaciones pedagógicas se despliegan en toda la sociedad:

> *Cada relación de "hegemonía" es, necesariamente, una relación pedagógica y se verifica, no solo al interior de una nación, entre las diversas fuerzas que la componen, sino en todo el campo internacional, entre complejos de civilizaciones nacionales y continentales.* (Gramsci, 1983, p. 8).

Un posicionamiento que el autor ha ampliado en torno a lo que entiende como "Estado educador" no solo por ser responsable de constituir las políticas educativas sino también como constructor de hegemonía en tanto conformador de consensos y de sentido común y también, retomando una idea desplegada en este libro, de "saberes cotidianos". Una perspectiva que nos posibilita abrir un conjunto de interrogantes acerca de nuestras experiencias contemporáneas e históricas. Interrogantes que devienen tanto de las relaciones de hegemonía/subalternidad propias de nuestras sociedades capitalistas así como de las diversas modalidades en que esas relaciones penetran la vida cotidiana y son apropiadas en las prácticas y relaciones entre los sujetos. Interrogantes que implican un ir y venir entre lo que podríamos denominar *pedagogías sociales* (en tanto circulan y se estructuran en la vida en sociedad) hasta las *pedagogías áulicas/escolares* propiamente dichas[1]. En fin, lo educativo y lo político en sus mutuas e inseparables configuraciones.

---

1 He ampliado estas ideas en Achilli (2016).

Lo anterior muestra algunos de los sentidos que me ha despertado la lectura de este libro, del que destaco también la claridad con la que se expone la concepción teórica metodológica y el enfoque etnográfico desde el cual fue realizada la investigación que le da sustento. Desde esa concepción y ese enfoque Lucía mira, escucha y escribe acerca de prácticas y procesos relacionales para dilucidar diversos procesos puestos en juego en las experiencias analizadas. Así incursiona y recorre distintos caminos: se detiene en la historización de la militancia del movimiento social, en la emergencia de un Bachillerato Popular para jóvenes y adultos, en el espacio FinEs Primaria, en las actividades territoriales y en la heterogeneidad, la conflictividad, los aciertos, los procesos formativos y políticos y hasta las dimensiones emotivas que se generan en todos esos espacios. Un recorrido desde el que se aporta claridad contextual a debates extendidos en el campo académico y social respecto de los movimientos y organizaciones sociales y sus iniciativas educativas, constituyendo aportes que trascienden el campo de los estudios de la antropología de la educación.

Invito a las lectoras y los lectores a que ingresen a la experiencia de ser "trabajadas/os" por este texto. En él se encontrarán con la imbricación –sin dicotomía alguna– de experiencias que al ser educativas son siempre políticas y al ser políticas suponen, también, un proceso formativo para quienes se entregan a ellas.

Elena L. Achilli
Rosario, 5 de noviembre de 2021

INTRODUCCIÓN

I. Presentación

Es probable que cualquier persona familiarizada con el campo de la educación latinoamericana se haya topado alguna vez con el término *educación popular*. En el caso de nuestro país, se trata de una noción que se puede encontrar asociada a contextos históricos y proyectos políticos sumamente diferenciados: está presente tanto en el proyecto educativo sarmientino, en las prácticas político-pedagógicas del peronismo de base (a partir de la fuerte influencia de la obra de Paulo Freire en nuestro país en la década de 1970) así como también en múltiples iniciativas educativas desarrolladas en la década de 1990. En la actualidad, la encontramos vinculada a numerosas experiencias emprendidas por organizaciones políticas y movimientos sociales diversos y, particularmente, por aquellos que se auto-definen como movimientos u organizaciones territoriales. Tal vez sea esta gran diversidad de experiencias la que llevó a que, hace más de tres décadas atrás, Pablo Pineau planteara que el concepto de educación popular es un concepto tan recurrente como escurridizo… Tanto "*que se vuelve vacío por lo cargado que se presenta*" (Pineau, 1988, p. 1).

En este libro se condensa una investigación antropológica que, lejos de querer clarificar el contenido del término educación popular se preocupó más bien por todo lo contrario: una etnografía de la educación orientada a suspender los múltiples contenidos teóricos que se le han asignado al término para intentar dar cuenta de realidades concretas que se producen asociadas a él. En ese camino, documenté y analicé procesos heterogéneos, polisémicos y contradictorios que me invitaron a ir tomando cada vez mayor distancia de los sentidos que se condensan en torno a la categoría teórica de educación popular y que asignan ciertas nociones arquetípicas a lo que ocurre en su nombre.

Fue en la distancia recorrida entre esos supuestos –ajenos pero también propios– y la realidad que logré reconstruir a partir del trabajo de campo y en diálogo con otros autores y autoras que se escribió esta investigación. Espero que el lector/la lectora encuentren en ella que me he acercado con cierto éxito a la tarea de analizar procesos que evidencian que las experiencias de educación popular impulsadas por movimientos sociales no poseen una esencia distinta a otras experiencias educativas: tienen tanto de particular y de universal como cualquier otro proceso educativo (inclusive los que se desarrollan al interior del sistema educativo oficial) si se analizan con la profundidad y el detenimiento con el que una mirada antropológica aborda –o debiera abordar– cualquier fenómeno cultural.

Recorrer ese camino no resultó un ejercicio sencillo, fundamentalmente porque mi trabajo desentonó con gran parte de los estudios sobre educación y movimientos sociales que existen actualmente en nuestro país: estudios que han realizado un inestimable aporte de visibilización y difusión de la existencia de estas experiencias educativas pero que, desde mi perspectiva, han tendido a opacar la complejidad de los procesos que se despliegan en ellas en tanto las presentan como contrapuestas, alternativas y superadoras del sistema educativo oficial. Éste es, al mismo tiempo, presentado también de manera homogénea como mero aparato reproductor de la ideología dominante, como terreno de pedagogía "tradicional", como espacio de exclusión y de perpetuación de las desigualdades sociales.

En debate con estos trabajos opté por desenfocarme de la categoría de *educación popular* en tanto categoría teórica para volverla, más bien, una categoría nativa y respecto de la cual debían relevarse su usos concretos en el universo estudiado (Caisso, 2013). En esa exploración se evidenció no solo que el término era utilizado de manera diferencial y hasta disputada por los múltiples actores sociales involucrados en estas experiencias sino que algunos de ellos, inclusive, ni siquiera se sentían familiarizados con él.

A lo largo de los cuatro años de trabajo de campo que realicé, esa exploración se articuló con el registro y análisis de procesos diversos que daban cuenta de una trama educativa y política compleja, socialmente situada e históricamente configurada. Siguiendo los diversos hilos de esa trama reconstruí problemáticas que probablemente le resulten familiares no solo a quienes forman parte, conocen o estudian la cotidianeidad de los movimientos y organizaciones sociales en nuestro país, si no a cualquier lector o lectora que conozca los conflictos que se suscitan cotidianamente en cualquier institución educativa –sea pública, privada, formal o informal–. Conflictos, tensiones y heterogeneidades que pocas veces se analizan o se ponen en evidencia en los estudios del campo de la educación y los movimientos sociales.

El portal de esta investigación se abrió a mediados del año 2009 en la ciudad de Córdoba (Argentina) cuando conocí a Eugenia[1], una mujer que formaba parte de una organización política que se definía como de izquierda independiente –es decir, sin vinculación con partidos políticos ni sindicatos ni gobiernos–. Esta organización –a la que aludiré de aquí en

1 A lo largo de todo el libro se conserva el anonimato de los sujetos que protagonizan las experiencias analizadas. También se preserva el nombre completo del Movimiento, así como los nombres de los barrios y villas que se mencionan. Todos ellos serán sustituidos por nombres de fantasía o seudónimos. Los fundamentos de esta operación se encuentran en el último apartado de esta Introducción.

más como "el Movimiento"– se había identificado en sus orígenes con el movimiento piquetero argentino, esa serie de organizaciones surgidas hacia finales de la década de 1990, orientadas a la construcción política con sectores populares –identificados fundamentalmente como *desocupados*[2]– y cuya metodología de acción directa fueron los piquetes o bloqueos de rutas provinciales y/o accesos a grandes ciudades.

Mi encuentro con Eugenia se produjo en un multitudinario seminario sobre "Teoría e historia de la Educación Popular". En él, escuché a la mujer contar que el Movimiento estaba llevando adelante la primera experiencia de "Bachillerato Popular" en la provincia de Córdoba. Los Bachilleratos Populares venían, en aquel entonces, tomando popularidad y creciendo en términos cuantitativos mes a mes. Nacían como escuelas secundarias impulsadas por movimientos sociales diversos y estaban destinadas a jóvenes y adultos con escolaridad secundaria incompleta. En términos técnicos generales, demandaban –y aún demandan– a los ministerios de educación de las jurisdicciones a las que pertenecen su *oficialización*: ser reconocidos como instituciones con capacidad de otorgar certificaciones educativas a los jóvenes y adultos que allí cursan sus estudios[3]. Como yo me encontraba interesada en comenzar a investigar experiencias educativas en movimientos sociales me acerqué a la mujer, quien no dudó en invitarme a conocer el Bachillerato Popular. Poco tiempo después decidí seleccionar esta experiencia educativa en concreto como referente empírico de mi investigación de Doctorado.

Las hipótesis que formulé en los inicios de mi investigación dan cuenta de mi interés por distanciarme de esos abordajes que, a mi entender, proyectaban una "imagen encantada" (Quirós, 2006) sobre estas experiencias educativas. En esas hipótesis yo sugería que donde los autores solían ver *horizontalidad*, *pedagogía crítica* y "*respuesta*" de los movimientos sociales a una necesidad educativa insatisfecha yo encontraría, más bien, un mundo de intereses políticos bien calculados por parte de las *organizaciones de desocupados* (así las definía en ese entonces). Esos intereses seguramente eran los que justificaban su inversión de energía en este tipo de proyectos pedagógicos, los cuales asociaba, además, a la intención por formar políticamente a las personas que asistían como estudiantes.

---

2 Coloco en cursiva términos nativos (utilizados con frecuencia por los sujetos entrevistados o cuyas prácticas observé) o frases dichas por los sujetos y que retomo indirectamente a lo largo del texto. Cuando presento de manera directa fragmentos textuales de entrevistas las destaco debidamente (ya sea separadas o entrecomilladas según su extensión). También utilizo comillas para tomar distancia de algunas frases y expresiones que fui relativizando a lo largo de la investigación.

3 Esta búsqueda de *oficialización* –que incluye por lo general la demanda de subsidios estatales para infraestructura y salarios docentes– ha sido exitosa en muchos casos. Según los datos elaborados por el GEMSEP para el año 2015 existían –al menos en ese momento– un total de 93 Bachilleratos Populares a lo largo del país. De estas experiencias el 38% (34) se encontraban en la Ciudad de Buenos Aires, el 54% (49) en la Provincia de Buenos Aires y el 8% (7) en el resto de las provincias del país (GEMSEP, 2015).

Sin embargo, ya desde el inicio de mis primeras incursiones al campo –a inicios del año 2010– comenzó a volverse evidente que la selección de categorías que había realizado para definir y delimitar el problema de estudio de mi investigación –tanto en el título como en el proyecto todo– no era precisa. El Movimiento, por ejemplo, no resultó ser cabalmente una organización "de desocupados": aunque gestionaba algunos planes de desempleo que tenían como beneficiarios a vecinos de barrios y villas marginales de la zona sudeste de la ciudad y formaba parte de un Frente nacional que recuperaba la lucha, figuras e ideales de las organizaciones "piqueteras" de desocupados surgidas a finales de la década de 1990, sus integrantes optaban por denominar al colectivo como *una organización territorial* en algunas oportunidades o como un *movimiento político y social* en otras. El proceso de investigación me permitiría determinar que en la discordancia entre estas categorías nativas y las categorías que yo había seleccionado se expresaba mi desconocimiento acerca de las transformaciones socio-históricas que se estaban operando en organizaciones como el Movimiento y que redundaban –entre otras cosas– en el cambio de términos con que nombrarse a sí mismas.

Pero si estas categorías resultaban desacertadas para pensar al Movimiento, perdían aun más sentido al buscar referirse a las actividades educativas emprendidas por sus integrantes. En las clases y actividades del Bachillerato Popular (experiencia que comencé a investigar en primer término) no se escuchaba hablar de "desocupados", ni tampoco eran tan frecuentes –o tanto como yo esperaba– las alusiones al Movimiento, a sus reivindicaciones o a su proyecto político. De hecho, la mayoría de las personas que formaba parte del Bachillerato no pertenecía a la organización. Al inicio de mi trabajo de campo, solo nueve individuos (entre estudiantes y educadores) se reconocían como integrantes del mismo, mientras que la mayoría del plantel docente (que contaba en ese momento con una veintena de integrantes) o bien adscribía a otras organizaciones políticas (fundamentalmente estudiantiles universitarias) o bien no se reconocía como militante de ninguna organización. En el caso de los estudiantes (que contabilizaban alrededor de 30 personas) eran muy pocos –casi excepcionales– los que participaban de las actividades que el Movimiento había desarrollado durante años en la zona.

Una tarde en que realizaba una de mis primeras observaciones de campo, emprendí un diálogo que evidenció esta heterogeneidad de actores y sentidos en la que comenzaba lentamente a sumergirme. Yo me había dirigido al Bachillerato a observar una clase de Cs. Sociales que era dictada por Eugenia. Pensé que en una asignatura como ésa, dictada por una militante fundadora del Movimiento, podría seguramente registrar los modos en que la organización hace jugar sus intereses políticos en relación a esta actividad educativa.

Al llegar al Bachillerato y como la clase aún no había comenzado, Eugenia –con quien había coordinado mi presencia en el lugar– me pidió que explicara a los estudiantes el motivo por el que yo estaba ahí. Para eso, me paré frente a ellos y comencé a contarles sobre qué trataba la investigación. Al intentar enunciar por qué me interesaba en esta experiencia educativa en particular, aludí a lo que consideraba su característica principal: dije que estaba ahí para estudiar "*escuelas como éstas, hechas a pulmón por la gente de los movimientos sociales*". Los estudiantes no parecían demasiado interesados en escuchar las explicaciones que justificaban mi presencia en el aula: por el contrario, se mostraban deseosos de que terminara de hablar para que la clase comenzara de una vez.

Cuando mi breve discurso terminó miré a Eugenia para cederle la palabra y que pudiera comenzar con su labor. Sin embargo, antes de que esto sucediera, una estudiante que yo no había advertido como particularmente interesada en la charla quiso volver sobre mi alocución. Preguntó: "*Pará (...) cuando decís 'escuelas como éstas' (...) decís de adultos, ¿no?*". Miré a Eugenia. No acotó nada, sino que sonrió y me hizo un gesto que entendí como "*te toca a vos responder*". Luego se dio vuelta y comenzó a escribir en el pizarrón algunas consignas para la clase del día. La pregunta de la estudiante me confundió. Comencé a ensayar mentalmente otras maneras de decir lo ya dicho, pero no sabía cuál de ellas sería la más adecuada... ¿qué esperaba la militante que yo dijera a los estudiantes? ¿Y qué sentirían estos frente a mi definición sobre algo en lo que ellos participaban? ¿Aprobación, indiferencia, curiosidad?... "*Sí, de adultos*", respondí a la estudiante y la clase comenzó.

Si recupero esta pequeña escena para presentar este trabajo es porque expone cómo al intentar definir de manera espontánea la naturaleza de esta experiencia educativa eché mano de mis propias atribuciones sobre lo que allí sucedía. La posibilidad de objetivar estas atribuciones había sido dada por su contraste con la opinión de la estudiante y el silencio de la militante/educadora. Para la primera, mi definición de esta escuela (de este espacio, de esta experiencia que ella estaba viviendo) era tan lejana a su propio entendimiento que ni siquiera buscó indagar en los significados de la misma. No me preguntó, por ejemplo, a qué movimiento social estaba haciendo referencia, sino que retomó el pronombre "ésta" y lo vinculó a su propia interpretación de lo que allí estaba sucediendo (una clase de una escuela de adultos). Para la militante, mientras tanto, tampoco fue menester dar una definición propia de lo que yo estaba intentando definir.

De esta manera se fueron tensando los supuestos que yo poseía y que giraban en torno a la creencia de que en una experiencia educativa "como ésta", la organización social que la había impulsado tendría una presencia central, politizando el contenido, acercando a los estudiantes de manera explícita a sus reivindicaciones o identificando a estas escuelas con las luchas piqueteras. En otras palabras, llegué al campo esperando encontrar el mensaje del Movimiento como elemento protagónico de esas experiencias educativas. Me encontré, más bien, con experiencias educativas atravesadas por una multiplicidad de sujetos sociales: militantes del Movimiento (con mayor trayectoria asociada a la militancia territorial), profesores no pertenecientes al Movimiento (en general estudiantes universitarios y muchos de ellos militantes de agrupaciones estudiantiles), algunos pocos estudiantes que eran parte de la organización (en el sentido de que participaban de muchas de las actividades aunque no se reconocían como "militantes") y también una gran mayoría de estudiantes que no habían tenido contacto previo con ella, funcionarios estatales, pobladores de la zona, entre otros. Todos ellos, a partir de diversos saberes, sentidos y expectativas buscaban (no pocas veces de manera conflictiva) dar vida a esta experiencia educativa.

Más adelante, además, comencé a percibir que quienes formaban parte del Movimiento y se involucraban como profesores en las actividades educativas se reconocían como *militantes* cuando interactuaban con el resto de los profesores o con los estudiantes. Sin embargo, Eugenia y su pareja, Gastón, aparte de ser nombrados como militantes, también se reconocían y eran reconocidos como *referentes* cuando se encontraban realizando actividades territoriales, en vinculación con los vecinos y pobladores de las villas y barrios que se movilizaban con el Movimiento.

Como fui comprendiendo con el paso del tiempo, esta utilización diferencial de categorías en uno y otro ámbito respondía a características diferenciales de involucramiento político entre las actividades territoriales y las actividades educativas. Esa distancia provocaría no pocos conflictos al interior de las experiencias educativas que analicé (conflictos que llevaron al cierre del Bachillerato Popular en el año 2011) y también al interior de la vida y el activismo de algunos de los sujetos cuyas prácticas analicé. Era una distancia que marcaba además las transformaciones que, en virtud de ciertos procesos estructurales, estaban acaeciendo al interior de los movimientos sociales que habían surgido emparentados con el movimiento piquetero, transformaciones cuyo análisis resultó primordial para entender diversos procesos que se desencadenaban en la cotidianeidad de estas experiencias.

En el segundo año de mi investigación, una nueva experiencia educativa fue abierta por iniciativa de los integrantes del Movimiento: un espacio de educación primaria para adultos que se enmarcó en el Plan Nacional FinEs Primaria, lanzado por el Ministerio de Educación de la Nación. Ese espacio funcionó durante dos años en uno de los locales del Movimiento, y contó con educadores que eran militantes de la organización y con educadores externos a ella. También entre sus estudiantes se contaban algunas personas que participaban asiduamente de las actividades territoriales del Movimiento y otras que se acercaban por primera vez a él a partir de su inclusión en esta experiencia educativa.

Paralelamente al trabajo de campo en el Bachillerato Popular y en el espacio FinEs Primaria fui realizando el registro de otras actividades que tenían lugar en el Movimiento: las rutinas de la militancia territorial. Si bien estas no eran nominadas como actividades educativas por ninguno de los sujetos de mi investigación decidí indagar en ellas en términos de experiencias en las que ciertos saberes cotidianos –vinculados a la militancia territorial– eran apropiados por los sujetos. En ese sentido, las concebí como experiencias educativas o formativas que –aunque de modo implícito y asistemático– tenían lugar al interior del Movimiento.

A propósito del análisis de esta tercera experiencia, y en virtud de la perspectiva analítica que fui construyendo, también aquí tomé distancia de algunos trabajos que indagan en la dimensión educativa de la militancia en los movimientos sociales. A mi entender, estas investigaciones homologan esas experiencias formativas o educativas con los postulados político-ideológicos de las organizaciones, soslayando el modo en que determinados contexto políticos y diversos determinantes estructurales configuran el horizonte de límites y posibilidades de lo que los y las militantes aprenden a propósito de su práctica política.

El objetivo central de la investigación que presentan estas páginas fue analizar la relación entre procesos educativos y políticos a propósito de una serie de experiencias educativas desarrolladas en el contexto de un movimiento social. En ese intento, los interrogantes se multiplicaron, desplazando el interés por diversas problemáticas tales como: *¿Por qué determinadas organizaciones sociales se volcaron en la última década a desarrollar experiencias educativas con jóvenes y adultos? ¿Quiénes son los sujetos que forman parte de estas experiencias en tanto educadores/profesores y en tanto estudiantes? ¿Qué relación se establece entre las prácticas educativas y los sentidos políticos de los sujetos que forman parte de ellas? ¿De qué saberes cotidianos se apropian los sujetos en función de su activismo político? ¿De qué manera se inscriben estas experiencias político-educativas en los procesos sociales más generales que se están desarrollando?* Buscando formular posibles respuestas a estos interrogantes puse en diálogo la información que construí a partir de la realización del trabajo de campo con los aportes conceptuales de diversos autores. Presento a continuación los principales aportes con los que dialogué, aunque los iré recuperando en su totalidad a lo largo de los siguientes capítulos de este libro.

II. Los principales aportes conceptuales que retoma esta investigación

Esta investigación se desarrolló desde una perspectiva que concibe a la *etnografía* no como un conjunto de técnicas sino como una perspectiva de abordaje caracterizada por: 1) un/a investigador/a que se constituyen como *cronistas de lo no documentado* de la realidad social (lo no familiar, lo cotidiano, lo oculto, lo inconsciente) para dejar testimonio escrito y público de realidades tanto cercanas como lejanas; 2) un producto final que es ante todo *un texto descriptivo* en el que se conserva la riqueza y complejidad del fenómeno estudiado y cuyo análisis se sustenta *en categorías teóricas*; 3) una investigación en la que el investigador/la investigadora y su *experiencia directa* tienen un papel central, generando vínculos personales, cotidianos y prolongados con los sujetos de estudio y realizando al mismo tiempo tanto las tareas de construcción de datos como el análisis de los mismos; 4) una indagación que da relevancia a los significados, saberes y explicaciones locales/nativos sobre los acontecimientos sociales que poseen los sujetos estudiados, colaborando con ellos, manteniendo apertura frente a sus maneras de comprender el mundo y respetando el valor de sus conocimientos; 5) una construcción de conocimiento que parte de la descripción y análisis de realidades particulares pero para responder a inquietudes teóricas y prácticas más generales (Rockwell, 2009, p. 20 y ss.).

La influencia de la etnografía educativa latinoamericana (y fundamentalmente de la obra de Elsie Rockwell) fue decisiva a lo largo del proceso de investigación[4]. De este campo retomé conceptualizaciones que me permitieron explicar los procesos analizados y que sintetizan extensos debates teórico-metodológicos acerca de los procesos educativos y de su abordaje antropológico. Me refiero fundamentalmente a conceptualizaciones específicas en torno a la naturaleza de las instituciones educativas (Rockwell, 1987, 1995) y a los procesos de *apropiación* que se desarrollan al interior de las mismas (Ezpeleta y Rockwell, 1983; Rockwell, 1996, 2000).

En relación a la naturaleza de las instituciones educativas la conceptualización propuesta por la etnografía educativa latinoamericana surge fundamentalmente del debate sostenido con la teoría reproductivista en educación. Ésta, representada en términos generales por las obras de Althusser (1970), Baudelot y Establet (1975), Gintis y Bowles (1976) y Bourdieu y Passeron (1977), fue sumamente significativa para contrarrestar el mito liberal que suponía un funcionamiento equitativo de los sistemas educativos capaz de revertir los efectos de la desigualdad social de los educandos. No obstante, al proveer una caracterización unívoca de la escuela como aparato de reproducción de la ideología dominante y de las desigualdades de clase, su propuesta terminó por volverse obstáculo epistemológico al posponer la investigación empírica sobre los procesos contradictorios, reales, de construcción social de la educación básica en América Latina y sus relaciones con las clases populares (Cragnolino, 2001; Rockwell, 2009).

Lejos de desconocer las relaciones de poder o la dimensión analítica de clase social al interior de las instituciones educativas lo que se propone es que, en ellas, si bien predominan los intereses de las clases dominantes, esto no cancela ni la presencia de los sectores oprimidos ni la posibilidad de la articulación de sus diversas acciones en los procesos de oposición a los grupos dominantes (Rockwell, 1987). Esta concepción transforma a las instituciones educativas en objetos solo definibles en términos de su concreción social, histórica y política y entendiendo que

---

4 La etnografía educativa latinoamericana posee actualmente un amplio desarrollo en nuestro país, el cual es representado por trabajos como Achilli (2009), Lorenzatti (2009), Cragnolino (2001, 2007), Milstein (2008, 2009), Maldonado (2000), Santillán (2007), Molina (2013), Cerletti (2010) o Carrera (2020) por citar solo algunos.

(...) lejos de constituir simples instrumentos usados por el Estado para moldear corazones y mentes (...) se convierten en lugares en los que diversas representaciones de la persona educada entran en juego, son impulsadas, retiradas o elaboradas. (Rockwell, 1996, p. 21).

Esas diversas representaciones que entran en juego –y, más de una vez, en disputa– responden no solo a la diversidad de proyectos educativos que se impulsan desde el Estado a través de políticas, lineamientos curriculares y programas educativos. Responden también a sentidos, prácticas y expectativas educativas que provienen de distintos representantes civiles[5]: de padres y madres, de asociaciones cooperadoras, de organizaciones políticas, sindicales, comunitarias o religiosas e inclusive de empresas cuyos intereses suelen presentarse de manera más o menos camuflada. Esa heterogeneidad de intereses, sentidos y expectativas en torno a la educación entran en contacto y en un diálogo más o menos tenso en la cotidianeidad de la institución escolar. Rockwell (1987) remite a estas cuestiones al señalar, por ejemplo,

(...) la imposibilidad de establecer una demarcación nítida entre "escuela" y "comunidad" en escuelas públicas sostenidas en cierta medida por los padres de familia y en localidades donde la escuela es el espacio tanto de organización civil como de gestión hacia las autoridades políticas. (p. 29).

Otra noción que forma parte de esta perspectiva conceptual acerca de las instituciones educativas es la de *apropiación*. Con esta noción se alude a la relación dialéctica entre las condiciones estructurales que ponen a disposición determinados bienes culturales (lenguajes, políticas, recursos, sentidos) y la capacidad individual y colectiva de los sujetos para hacer uso (para *apropiarse*) de esos bienes (Heller, 1977; Rockwell, 1996). Desde este lugar se complejiza el proceso de aprendizaje humano más allá del modelo de simple "interiorización" o "inculcación" para centrarse en la relación activa entre el sujeto particular y la multiplicidad de recursos y usos culturales disponibles objetivados en los ámbitos heterogéneos que caracterizan a la vida cotidiana (Padawer, 2010).

Al visibilizar la existencia de procesos de apropiación al interior de las instituciones educativas se intenta poner de relieve los modos a través de los cuales los sujetos dan concreción real a la vida escolar y más allá de

5 Desde esta perspectiva, la noción de sociedad civil no puede ser utilizada como sinónimo de "sociedad": si lo hiciéramos, estaríamos realizando una abstracción sociológica que relativiza las diferencias históricas por medio de las cuales diversas sociedades civiles adquieren diferentes configuraciones en distintos momentos de la historia de la humanidad. Al reconocer estas particularidades históricas, nos comprometemos, a su vez, con una lectura rica y compleja de los múltiples actores sociales, procesos y conflictos que atraviesan y se encuentran presentes en la sociedad civil, por lo que pasamos a considerarla como espacio de encuentro y de lucha de múltiples fuerzas sociales y políticas, y no como un "sujeto único" en oposición al Estado (Rockwell, 1987).

los mecanismos estatales de control (Ezpeleta y Rockwell, 1983; Rockwell, 1996, 2000). No obstante, y si bien se trata de una categoría que sitúa sin ambigüedad la acción en la persona –en tanto él/ella toman posesión sobre y hacen uso de los recursos culturales disponibles– es necesario localizarla dentro del conflicto social: se debe reconocer que esa apropiación se produce en el marco de relaciones de poder existentes entre los sujetos, algunos de los cuales poseen más poder que otros para apropiarse de aquello que está disponible y tanto en términos materiales como simbólicos (Rockwell, 1996).

En el marco de mi investigación, este concepto me fue útil precisamente para entender que la presencia de programas estatales, el uso de lineamientos curriculares oficiales o la existencia de sentidos educativos hegemónicos en la cotidianeidad de las experiencias educativas del Movimiento no representaban elementos que "contaminaban" un universo educativo "alternativo" o "contra-hegemónico" (suposición que, como veremos en el siguiente apartado, suele ser recurrente en los estudios sobre la temática). Por el contrario, estos elementos eran utilizados de manera heterogénea, eran reformulados de diversos modos y podían ser apropiados por los sujetos –de manera individual o colectiva– con sentidos políticos y educativos inesperados y sumamente potentes. Del mismo modo, la noción me resultó útil para explorar los procesos por medio de los cuales los sujetos que participaban de estas experiencias se apropiaban de las mismas en un sentido político: construyendo motivaciones para su participación que podían inclusive escapar a los sentidos previamente definidos para la misma.

Precisamente en torno a la dimensión de la participación o involucramiento político recuperé aportes teóricos y metodológicos de diversos estudios socio-antropológicos sobre política colectiva, tales como Borges (2009); Manzano (2004a, 2004b, 2007, 2008, 2009, 2010, 2011); Quirós (2006, 2009, 2011); Sigaud (2004); Vázquez (2011), entre otros. Estos trabajos me resultaron importantes porque me invitaron a cuestionar las visiones dicotómicas entre el Estado (como aparatos político-administrativos racionalizados) y la sociedad civil (expresada en movimientos sociales y formas de acción colectiva). Contrariamente a estas visiones, reconstruyen la interpenetración mutua existente entre lo estatal y lo civil y las vinculaciones cotidianas de los activistas políticos con ámbitos, agentes y políticas estatales. Al mismo tiempo, privilegian el análisis de los contextos amplios de vida de quienes participan en colectivos políticos, de las especificidades locales y regionales que configuran las tramas de participaciones y del modo en que históricamente se construyen como legítimas ciertas demandas y formas de lucha[6].

---

6 Estos trabajos realizan (con diversos matices) señalamientos críticos a los enfoques sobre "acción colectiva" y "movimientos sociales". Manzano (2004a), por ejemplo, identifica los supuestos que nutren la categoría de *Movimientos Sociales* desde las teorías de la *acción colectiva* y concluye que *no* reflexionan respecto de la naturaleza histórica y social de la separación entre Estado y sociedad civil o de la nada transparente utilización

Al poner el énfasis en los aspectos contextuales, relacionales e históricos, los aportes de estas investigaciones me ayudaron en el intento por abordar de un modo más complejo los procesos de política colectiva en el marco de los cuales se desplegaban las experiencias educativas analizadas. Además, a través de algunos/as de estos/as autores/as, me acerqué a textos de la teoría política vinculados al pensamiento marxista y/o gramsciano –y en línea, por tanto, con la obra de Elsie Rockwell–. Me refiero a las producciones de Roseberry (2007), Corrigan y Sayer (2007), Crehan (2004, 2019) y Williams (1980). Estos me resultaron útiles para entender que más allá de los posicionamientos ideológicos y discursivos en torno a la "autonomía" de las organizaciones sociales respecto de los sectores dominantes, la política y la cultura de los sectores subalternos y de sus organizaciones existen dentro del campo de fuerza del Estado, y sus posibilidades de acción son moldeadas por él (Roseberry, 2007).

Desde los aportes conceptuales de estos trabajos así como también de lo que retomé del campo de la etnografía educativa latinoamericana pude sostener un debate fructífero con el campo específico de antecedentes sobre educación y movimientos sociales. Veamos a continuación parte de este debate.

III. Los estudios sobre educación en movimientos sociales en Argentina

En los últimos años se ha vuelto notable en Argentina la cantidad de trabajos que abordan experiencias educativas impulsadas por movimientos y organizaciones sociales. Estas producciones provienen de diferentes tradiciones disciplinares, por lo que es posible encontrar trabajos realizados tanto desde la pedagogía, la comunicación social o la sociología de la educación como también –aunque en menor medida– desde la antropología social. En primer lugar, presentaré en este apartado las investigaciones[7] que, a mi entender, comparten ciertos *supuestos comunes* respecto de estas experiencias educativas. Luego me detendré en el análisis de otras producciones que se realizan tomando una distancia crítica de esos supuestos.

---

de categorías como "ciudadano" o "participación" ya que no se interesan por demostrar que tanto aquella separación como estas categorías son producto de la historia y no hechos universales.

7 Debo aclarar que consideraré en este apartado solo las producciones que poseen un referente empírico en torno al cual han realizado su investigación, dado que ésa es la definición de *antecedente* para un trabajo de corte antropológico. Por este motivo, no tomaré en cuenta aquí –al menos a la manera de antecedentes de investigación– la larga serie de trabajos realizados sobre "Educación Popular" desde el ámbito de la pedagogía. Estas producciones se encuentran ligadas a otros objetivos que los del presente escrito, en tanto están orientadas a reflexionar en términos teóricos o prescriptivos en torno a las experiencias educativas más que a analizar la realidad cotidiana de prácticas educativas específicas.

Primer supuesto: las experiencias educativas de los movimientos sociales surgen en respuesta a la ausencia estatal

Un primer punto de partida habitual en la bibliografía sobre la temática reside en explicar la emergencia de estos proyectos educativos en función del escenario político y social configurado a partir de la implementación de políticas neoliberales en nuestro país durante la década de 1990. Para ello, diferentes autores (como Elisalde, 2008; Meneyián, 2007; Sverdlick y Costas, 2008; Gluz *et al.*, 2008, entre otros) se abocan a la reconstrucción de las circunstancias políticas, sociales y económicas de este momento histórico tales como la reestructuración y "achicamiento" del Estado, reducción del gasto público, descentralización administrativa y transferencia de responsabilidades estatales de áreas como salud y educación hacia la sociedad civil o hacia el sector privado. Desde aquí, plantean que como reacción y "resistencia" frente a estas políticas neoliberales que tendieron a la des-responsabilización estatal surgieron los colectivos políticos y sociales que más tarde –iniciada la década de 2000– impulsarían experiencias educativas.

Se vuelve notorio que en la mayoría de estos trabajos el análisis de las condiciones históricas que han contribuido a la conformación de estos movimientos y organizaciones sociales y al surgimiento de sus experiencias educativas se detiene en lo sucedido durante la década de 1990 y se extiende, en última instancia, hasta los hechos ocurridos en nuestro país a principios de la década de 2000 –y fundamentalmente en torno a la crisis de diciembre de 2001–. Esto es llamativo considerando que los sucesos de la última década debieran pensarse como relevantes si se considera que una de las experiencias educativas más estudiada (la de los Bachilleratos Populares) tuvo su mayor crecimiento cuantitativo luego de 2005 y fundamentalmente hacia el final de la década de 2000.

Esta operatoria analítica puede percibirse también en la exploración que realizan los antecedentes en relación al análisis del campo de la educación de jóvenes y adultos (ya que es a este sector de la población al que están dirigidas una gran parte de las iniciativas educativas impulsadas por movimientos y organizaciones sociales). Respecto del mismo, se señala que la reforma neoliberal en el ámbito educativo resultó un momento de crisis aguda a partir de procesos como el cierre de la Dirección Nacional de Educación del Adulto, la transferencia de los servicios educativos nacionales a las jurisdicciones provinciales y la pérdida de especificidad de la modalidad a partir de su inclusión dentro de la categoría "*Regímenes Especiales*", junto con la Educación Especial y la Educación Artística.

El análisis contextual pareciera detenerse en aquel momento histórico, proyectando las características atribuidas al mismo ("ausencia"-"corrimiento"-"achicamiento" estatal) sobre el contexto actual, soslayando el análisis de las políticas y actuaciones estatales contemporáneas orientadas a la educación de jóvenes y adultos (EDJA) o bien abordándolas de manera superficial y desechando su análisis como parte constitutiva del universo de las prácticas analizadas:

[los Bachilleratos Populares] *han optado –como tantas otras organizaciones de la sociedad civil– por "auto-gestionar" aquellas cuestiones o aspectos en los que el Estado se encuentra ausente (...) la continuidad de las políticas neoliberales y los procesos de exclusión son los que justifican su existencia (...) "lo público" puede ser gestionado en el terreno de las organizaciones y movimientos sociales,* ***cuando el Estado se corre*** *de su responsabilidad.* (Sverdlick y Costas, 2008, p. 34, el destacado es propio)[8].

El Estado, en las últimas décadas, ha desatendido la especificidad del área [de EDJA] *y a la vez se permite la implementación, en algunos casos, de costosos programas que no solo no han logrado resolver los problemas educativos de la población en situación de riesgo, sino que son concebidos desde ópticas tecnicistas y de difícil adaptación para esta población.* (Elisalde, 2008, p. 95).

De esta forma, se excluye del análisis las condiciones políticas, sociales y educativas actuales en las cuales se inscriben este tipo de organizaciones sociales y las experiencias educativas que impulsan que, como señalé, surgieron fundamentalmente en la segunda mitad de la década de 2000 y se extendieron fundamentalmente hacia finales de dicha década. Desde mi interpretación, este supuesto se ha consolidado y extendido en tanto permite obviar el análisis de ciertas condiciones estructurales que condicionaron el accionar de algunas organizaciones sociales, así como la vinculación con ciertos programas y actuaciones estatales en materia educativa lo cual impediría sostener una visión dicotómica de los movimientos y organizaciones sociales como entidades autónomas y contrapuestas al ámbito estatal.

Segundo supuesto: la vinculación entre los movimientos que sostienen experiencias educativas y el Estado es a partir de la confrontación o bajo el riesgo de la cooptación

Como acabamos de ver, estos trabajos aluden al Estado en función de su *achicamiento*, su *corrimiento* o su *ausencia* respecto de sus responsabilidades educativas. Se propone que a partir de esa situación se constituyó una demanda educativa insatisfecha a partir de la cual, como respuesta, "emergieron" las propuestas educativas de las organizaciones y movimientos sociales. No obstante, el Estado sigue estando presente en estos estudios cuando se analiza, por ejemplo, los procesos de demanda iniciados por los

---

8 Es cierto que más allá de estas aseveraciones Sverdlick y Costas (2008) constituye uno de los pocos trabajos que se involucra en la descripción de los avances y transformaciones específicos de los últimos años en materia de educación de jóvenes y adultos. Sin embargo, lo hace a manera de marco introductorio de la investigación, y no poniendo esas transformaciones en relación a la existencia y desarrollo del Bachillerato Popular que las autoras analizan.

movimientos y organizaciones sociales para que los distintos ministerios de educación provinciales otorguen "legalización" u "oficialización" a sus propuestas educativas de manera que puedan expedir certificaciones educativas a sus estudiantes (entre otras cuestiones reclamadas, como el pago de salarios docentes o presupuesto para infraestructura).

No obstante, la operatoria analítica compartida en torno a esos procesos de demanda es la de presentarla o bien bajo la imagen de abierta confrontación entre Estado y movimientos o bien portando un peligro de "contaminación" de las experiencias educativas. Esta última preocupación conduce inclusive a diversos autores a establecer "tipologías" de vinculación entre el Estado y las organizaciones sociales que impulsan experiencias educativas (por ejemplo, en Gluz *et al.*, 2008 o Dorado *et al.*, 2010). Desde aquí pareciera que son las organizaciones sociales y sus acciones las que colocan o no al Estado –o las que lo hacen con mayor o menor riesgo– en un lugar de centralidad al exigir el reconocimiento (la "oficialización") de sus experiencias educativas.

Una de las autoras que más profundiza a nivel teórico en su concepción del Estado es Michi (2008) quien reconoce que los movimientos sociales –que llevan adelante las prácticas educativas como las que ella estudia– se encuentran en permanente tensión con aquel:

> [los movimientos] *se constituyen en actores políticos en relación con el Estado en el marco de la lucha de clases (...) interpelan* [al Estado] *en términos de derechos y denuncian el incumplimiento de las obligaciones estatales. Reclaman además la participación en la formulación de políticas, en el control de la gestión y en el reconocimiento y financiación de sus proyectos.* (Michi, 2008, p. 322).

Sin embargo, pareciera que la autora también adscribe a la idea de Touraine según la cual

> *los movimientos sociales* ***más importantes*** *(...) no son los que se niegan a intervenir en los niveles* [estatales] *institucionales y organizativos, sino por el contrario, los que se vinculan a las fuerzas sociales formadas en estos niveles y logran imponerse a ellas, dirigirlas.* ***Aunque su papel sea siempre como agente de impugnación, no de gestión****.* (Touraine, 1995 citado en Michi, 2008, p. 9, el destacado es propio).

Lo que me interesa señalar aquí es que desde esta discursiva oscilante (que va de identificar a los movimientos sociales *como interpeladores del Estado que reclaman participación en la formulación y gestión de la política* a valorar como los movimientos *más importantes a aquellos que impugnan a las instituciones y se niegan a gestionar*[9]) lo que se cuela es

---

9 Considero que este tipo de planteo invita a rememorar el señalamiento que efectúa Manzano (2011) respecto de los análisis sustentados en las distinciones dicotómicas entre los movimientos y el Estado antes que en su relacionamiento dialéctico e histórico. La

una perspectiva normativista o prescriptiva acerca del accionar de los movimientos y organizaciones sociales respecto del Estado: es decir, que señala qué posicionamiento se debe o no tomar.

Este señalamiento que realizo no cancela la posibilidad de que los movimientos sociales y sus experiencias educativas respondan a los intereses de los sectores populares y se constituyan en proyectos "independientes" o "autónomos" de los sectores dominantes. Pero lo que intento señalar es que esa independencia siempre es una *autonomía relativa* (Williams, 1980) ya que los sectores dominantes en tanto tales poseen la capacidad de incidir material o simbólicamente sobre esas experiencias, esos movimientos o al menos sobre el lenguaje en el cual se formulan esas demandas (Corrigan y Sayer, 2007; Roseberry, 2007). Considero entonces que la autonomía no puede ser supuesta *a priori*, como una esencia que portan los movimientos sociales y sus experiencias educativas sino que debe ser examinada en su concreción histórica y social, con sus múltiples contradicciones, avances y retrocesos, y no desde una mirada prescriptiva o normativa en relación a lo que los sujetos colectivos deberían hacer o dejar de hacer.

Tercer supuesto: la dimensión pedagógica de las experiencias educativas de los movimientos sociales se define por oposición a la de la escuela oficial

La naturaleza de "alternativa pedagógica" de las experiencias educativas impulsadas por movimientos sociales suele ser uno de los supuestos más extendidos entre la mayoría de los trabajos del campo específico de estudios sobre educación y movimientos sociales en nuestro país. Esta naturaleza estaría dada por elementos como: otros modos de concebir a los sujetos educandos; nuevas maneras de pensar el rol docente; una selección significativa de contenidos; prácticas diferentes de vinculación entre los proyectos educativos y la comunidad (el "territorio"), entre otros puntos. Por ejemplo, respecto de los Bachilleratos Populares, se enuncia:

> [esta iniciativa] *se presenta como una opción alternativa a las ofertas educativas existentes, una propuesta participativa y democratizadora (...). Se trata de realizar un trabajo de construcción de subjetividades críticas capaces de participar, opinar, discutir y forjar nuevos destinos,*

---

autora sostiene que puede encontrarse allí una *emotividad pendular* que va de la *celebración* de los movimientos (opacando sus contradicciones) al *desencanto* por sus formas de intervención cuando no se mantienen "realmente" autónomos de partidos políticos y Estado. Retomando al antropólogo inglés John Gledhill (2000) la autora sostiene que "*estas miradas encubren un profundo elitismo (intelectual) que descuida la atención sobre las maneras en que las personas se enfrentan a fuerzas estructurales, a la desigualdad, el empobrecimiento y la represión, dejando incluso la vida en esas batallas*" (Manzano, 2011, p. 5).

evitando reproducir los clásicos mecanismos expulsivos del nivel de jóvenes y adultos. (Sverdlick y Costas, 2008, p. 9).

Estas iniciativas cuestionan la escuela oficial tanto en sus propósitos manifiestos como en aquellos que se expresan en la gramática de la escolaridad y que constituyen la base de la formación de la subjetividad (...). La oposición [entre la "escuela oficial" y las iniciativas educativas de los movimientos sociales] *se centra en torno a las características reproductoras y legitimadoras de la desigualdad social a través del tipo de subjetividad que se construye en las escuelas.* (Gluz y Saforcada, 2007, p. 21).

Las prácticas pedagógicas y organizacionales del Bachillerato [Popular estudiado] *(...) confrontan con la concepción de la democracia liberal en que se asienta la escuela oficial por su implicación en la reproducción del orden capitalista.* (Gluz *et al.*, 2008, p. 6).

Como puede advertirse se caracteriza la dimensión pedagógica de estas experiencias educativas en un juego de oposición constante con las características "tradicionales" de las instituciones educativas oficiales. Éstas, además, son homologadas –desde perspectivas que podemos emparentar a los teóricos de la reproducción– a aparatos estatales que reproducen las desigualdades de clase, antes que como espacios de encuentro de múltiples actores e intereses sociales y donde se despliegan procesos heterogéneos tanto de control estatal como de apropiación de saberes y derechos por parte de los sectores populares.

Es interesante notar que esta mirada que esencializa tanto a la educación oficial como a las experiencias educativas de los movimientos se sustenta centralmente en el análisis de los discursos de los militantes-educadores de las experiencias. Solo Sverdlick y Costas (2008) y Langer (2010) avanzan en el análisis del discurso de otros actores –por ejemplo, los estudiantes– o en el análisis de la cotidianeidad educativa a partir de observaciones participantes. En estos trabajos, no obstante, las situaciones de tensión o conflictividad que se registran a propósito de la heterogeneidad de sentidos político-educativos presentes en estas experiencias son interpretadas como "resistencias" que "se superarán con el paso del tiempo" y/o a través del pasaje –fundamentalmente de los y las estudiantes– por sucesivas etapas en las que interioricen las nuevas formas educativas que no se encuadran en las "costumbres tradicionales":

los estudiantes desarrollan un interesante proceso que podríamos sistematizar en tres etapas: sorpresa, desnaturalización y apropiación. La primera se caracteriza por diversas manifestaciones de asombro y desconcierto frente a propuestas didáctico-pedagógicas que no se encuadran en las "costumbres tradicionales" (...). Según los casos, la sorpresa puede venir acompañada de aceptación o rechazo. Si se trata de este último, suelen ir de la mano de reclamos constantes por "la vuelta" a las "formas tradicionales de la educación" (...). La segunda etapa, se caracteriza por un proceso de desnaturalización que conlleva su tiempo, sus marchas y contramarchas y también sus conflictos. En la tercera, los estudiantes han interiorizado las nuevas formas y, ya adaptados, las reproducen, critican y también reformulan. (Sverdlick y Costas, 2007, p. 31, comillas en el original).

Inclusive cuando se plantea la existencia de posibles reformulaciones, la utilización de tipologías para identificar etapas progresivas de "adaptación" y el uso de términos como "tradiciones" o "costumbres" refuerzan la idea de la existencia de prácticas o propuestas educativas "alternativas" que se construyen –aunque sea progresivamente– en oposición a las "tradicionales".

Respecto de este tercer supuesto me pregunto si no es precisamente por presentar a la escuela oficial o "tradicional" asociada a un imaginario escolar abstracto –como poseedora de unas características pedagógicas rotuladas como negativas y vinculada de manera homogénea a la función de reproducir las desigualdades sociales– que termina por esencializarse también –a partir de la presentación de las características exactamente opuestas– a las experiencias educativas de los movimientos sociales.

Es necesario explicitar que este señalamiento sobre las visiones polarizadas entre la educación tradicional/estatal/hegemónica y la educación popular/civil/contra-hegemónica no es novedoso en nuestro país. Hace ya casi dos décadas Elena Achilli señalaba que ciertos trabajos que planteaban la necesidad de que los movimientos indígenas abandonaran el espacio de lo público/lo estatal (para construir sus propuestas pedagógicas "interculturales" y con "autodeterminación") terminaban por caer en falsos reduccionismos que homogeneizaban/esencializaban aquello que pretendían diferenciar, desconociendo inclusive la variedad de procesos y de luchas existentes en el ámbito educativo estatal[10] (Achilli, 2001).

Cuarto supuesto: la dimensión educativa de la militancia se homologa a la formación política en los principios ideológicos de los movimientos sociales

Dentro del campo de estudios sobre educación y movimientos sociales existen algunas investigaciones que han indagado en la dimensión educativa de la participación política, tales como Sales Caldart (2000), Zibechi (2007) o Michi (2008). Todos ellos comparten la inquietud por indagar tanto en las experiencias educativas de movimientos sociales como en los movimientos sociales en tanto espacios educativos en sí mismos. Sin

10 También otras consideraciones críticas respecto de la virtualidad de esta escisión en el campo educativo argentino se pueden encontrar en Puiggrós (1993) y, para el contexto latinoamericano, en Ibarrola y Rockwell (1985).

embargo, es posible advertir que a propósito de esta segunda dimensión estos trabajos homologan la experiencia educativa o formativa de la pertenencia política: o bien con la identidad política de los movimientos y organizaciones; o bien con la circulación más o menos sistemática de los principios político-ideológicos de los movimientos y organizaciones sociales. Así por ejemplo:

> *Los sin-tierra se educan como Sin Tierra (*[entendido como] *sujeto social, persona humana, nombre propio) siendo del MST, lo que quiere decir construyendo el Movimiento que produce y reproduce su propia identidad o conformación humana e histórica (...). Es a través de sus objetivos, principios, valores y forma de ser que el Movimiento intencionaliza sus prácticas educativas.* (Caldart, 2000, p. 136, la traducción es propia).

Como vimos respecto de los supuestos anteriores también a propósito de éste la homologación parece producirse en tanto los investigadores e investigadoras se circunscriben a recuperar los discursos de los sujetos antes que a observar las prácticas, cuando no a recuperar sus propios discursos respecto a los principios político-ideológicos de los movimientos[11]. Si bien concuerdo en que al interior de cada colectivo humano se transmiten determinados valores y tradiciones políticas y formas específicas de interpretación de la realidad y de actuación, entiendo que esos valores, esas tradiciones y esas formas no pueden ser pensados por fuera de los distintos contextos socio-históricos pero no solo en el sentido de que esos contextos representan el escenario sobre el cual la participación política (y la dimensión educativa de la misma) tiene lugar. Sino también en tanto esos contextos (entendidos como variables relaciones de poder que se establecen entre los grupos sociales fundamentales) configuran los límites y las posibilidades de esa práctica política y la circulación, la producción y la apropiación de determinados saberes cotidianos asociados a ella.

Para finalizar esta revisión crítica que he presentado bajo la forma de cuatro supuestos me pregunto si todos ellos no se vinculan con cierta confusión existente en estos trabajos entre *categorías sociales, analíticas* y *conceptos teóricos*. De aquí se sigue la dificultad de discernir –cuando leemos estos trabajos– si estamos leyendo: 1) lo que los investigadores y las

---

11 En el caso del trabajo de Michi (2008) la autora documenta cuáles son –más allá de las experiencias *intencionalmente* educativas– los espacios o instancias que también tienen un accionar formativo o pedagógico de los sujetos. Para el caso del MOCASE VC, por ejemplo, reconoce como esos espacios a: los contactos con otros campesinos de la organización o con miembros de organizaciones aliadas, las actividades en las que se representa al Movimiento, las instancias de deliberación o de decisión propias del Movimiento y las acciones de lucha o de protesta. Si bien su investigación es exhaustiva se restringe en términos metodológicos a la reconstrucción discursiva de aquello que los sujetos enuncian en relación a lo que aprenden en esos momentos, sin tensar esos sentidos con aquello que sucede en la práctica o con las reconstrucciones propias de la autora respecto de la realidad.

investigadoras reconstruyen acerca de las prácticas educativas estudiadas –cuando no lo que desean reconstruir de ellas–; 2) la recuperación hecha por los investigadores de categorías pertenecientes a teóricos y teóricas sociales; 3) lo que las personas entrevistadas dicen sobre estas prácticas (lo cual no debería confundirse con lo que efectivamente acontece en la realidad).

Es a partir del reconocimiento de esta suerte de confusión que se vuelve posible vincular gran parte de estos antecedentes a aquellas corrientes de investigación definidas por Menéndez (2010) como exclusivamente centradas en la "perspectiva del actor" y algunas de cuyas características residen en: homologar la realidad a las representaciones que sobre la misma construyen los sujetos estudiados; homogeneizar diversos sujetos sociales tras categorías corporativas (un movimiento social, un género, una comunidad); excluir los procesos estructurales como determinantes o condicionantes del comportamiento de los sujetos. Del mismo modo, puede emparentarse la crítica a estas producciones con la polémica entablada entre Bourdieu, Chamboredon y Passeron (1975) y las posiciones subjetivistas –específicamente con las corrientes fenomenológicas– cuando aquellos proponen "*que la vida social debe explicarse no por la concepción que se hacen los que en ella participan si no por las causas profundas que escapan a la conciencia*" (p. 34).

Habiendo expuesto hasta aquí una lectura crítica de estos antecedentes quiero señalar que la misma no me exceptúa de reconocer la gran importancia de todos estos trabajos para el campo de las investigaciones educativas: todos ellos han sido investigaciones pioneras sobre experiencias educativas novedosas –como los Bachilleratos Populares– y han configurado un gran avance en materia de aproximación a las crecientes experiencias educativas impulsadas por movimientos y organizaciones sociales de nuestro país y la región. Han sistematizado datos y estadísticas que existían de manera desarticulada hasta el momento y han abierto líneas y equipos de investigación dedicados exclusivamente a estudiar las experiencias educativas de los movimientos y organizaciones sociales. Sin la existencia de estos trabajos –entre los cuales destaco el de Michi (2008) por la profundidad de su estudio– no hubiera sido posible para mí comenzar un debate que siempre entendí como fructífero y que me indicó caminos posibles por los cuales seguir indagando.

Esa preocupación propia confluyó, a su vez, con la de autores como García (2011a, 2011b, 2016, 2018) y López Fittipaldi (2015a, 2015b, 2017), también pertenecientes al campo de la Antropología de la Educación. En el caso del primero de ellos, su investigación se ha centrado en restituir las negociaciones entabladas entre los miembros de una organización que impulsa un Bachillerato Popular y diversos actores estatales, reconstruyendo la penetración implícita de lo estatal (a través de recursos materiales, pero también de imaginarios pedagógicos) en las prácticas educativas desarrolladas por fuera del sistema educativo oficial. López Fittipaldi, por su parte, indaga en un Bachillerato Popular impulsado por un movimiento social en la ciudad de Rosario, analizando las tensiones educativas que configuran la cotidianeidad de esta experiencia y las dimensiones contextuales tanto educativas como políticas que la atraviesan y definen sus particularidades.

Entre los puntos en común de sus producciones y los trabajos propios (Caisso, 2012a, 2012b, 2014, 2017) es posible señalar: 1) el desarrollo de una investigación etnográfica con foco en la vida cotidiana; 2) la preocupación por analizar la vinculación entre el Estado y este tipo de experiencias educativas, intentando a su vez dilucidar las formas históricas que asume esta presencia estatal y los efectos cotidianos que la misma supone para estas experiencias; 3) el valor otorgado a los procesos conflictivos protagonizados por los sujetos sociales como llave de acceso para el análisis etnográfico de este tipo de experiencias educativas; 4) el desarrollo de las investigaciones desde una perspectiva etnográfica preocupada por no realizar evaluaciones prescriptivas o normativas acerca de las experiencias analizadas. Más allá de la especificidad de esta línea de análisis, reitero que la misma no podría haberse forjado sin el debate previo con los autores de cuyas propuestas buscamos distanciarnos: sin la existencia de estas producciones no nos hubiera sido posible pensar qué senderos analíticos era aún preciso seguir explorando.

IV. El trabajo de campo de esta investigación

Las estrategias de indagación que desplegué a lo largo del trabajo de campo se encontraron orientadas tanto por el *enfoque relacional* en antropología[12] como por el diálogo establecido con los aportes de la etnografía educativa latinoamericana y de la antropología política que reseñé previamente. Es importante recordar que, como nos señalan diversos autores, las decisiones que se toman a nivel metodológico no son autónomas de la perspectiva teórica asumida y del modo en que se construye el problema de investigación (Bourdieu *et al.*, 1975; Achilli, 2005).

El grueso del trabajo de campo realizado se desarrolló entre abril del año 2010 y noviembre del año 2013. Consistió en estrategias múltiples entre las que se contaron numerosas *entrevistas en profundidad* (a militan-

12 El *enfoque relacional* en Antropología concibe al mundo social como dialéctico, contradictorio, complejo y en constante transformación (Achilli, 2005). La principal premisa teórico-metodológica de este enfoque es, según Menéndez (2002, 2010), que las relaciones que se dan entre los diferentes actores sociales constituyen una realidad diferente de la obtenida a partir de la descripción y análisis de cada uno de los actores en términos particulares y aislados. A su vez, esas relaciones adquieren sentido en tanto son analizadas a la luz de procesos macro-estructurales. Es justamente la tarea de un proceso investigativo captar los nexos de los condicionamientos recíprocos entre lo cotidiano y lo estructural (Achilli, 2005).

tes del Movimiento, educadores y estudiantes del Bachillerato, funcionarios de la dirección de Educación de Jóvenes y Adultos, estudiantes y educadores del espacio del FinEs Primaria, entre otros); *observaciones participantes* de distintas situaciones cotidianas vinculadas a estas experiencias educativas (clases, reuniones docentes, asambleas estudiantiles, reuniones entre integrantes del Movimiento y/o educadores del Bachillerato y funcionarios del Ministerio de Educación provincial) y también de situaciones cotidianas vinculadas a la militancia territorial (movilizaciones, cortes de calle, reuniones con referentes barriales en barrios populares de la zona sud-este, entre otras); *análisis de documentos* producidos a propósito del desarrollo del Bachillerato Popular y del espacio FinEs o utilizados en ellos como escritos de difusión, *volantes*[13] de convocatoria a estudiantes y educadores, manuales, memos y documentación oficial provista desde el Ministerio de Educación, memorias de asambleas de educadores, programas de las materias confeccionados por los educadores y educadoras, registros de asistencia estudiantil, libretas de calificaciones, entre otros. La lectura y análisis de estos documentos escritos fue realizada siguiendo los aportes desarrollados por Rockwell (2009) respecto de la aproximación etnográfica a archivos documentales escolares[14].

Una estrategia que merece un párrafo aparte fue la de la coordinación de una serie de encuentros entre los educadores del Bachillerato Popular y del Espacio FinEs. Organicé estos encuentros atendiendo a una demanda que me efectuaron los integrantes del Movimiento quienes pensaban que

---

13 Regionalismo propio de Argentina para aludir a una hoja de papel en la que se escribe una información que se quiere comunicar públicamente.

14 Estos aportes pueden resumirse como: leer las normas como evidencia de lo contrario (rastrear en las normas escritas las prácticas que se buscan prohibir, normar o regular); observar la materialidad de los textos escritos (más allá de su contenido): quién lo escribió, cómo lo escribió, cómo lo difundió; leer el discurso sobre la práctica como práctica de un discurso (pensar en el género en el que se escribió el texto y la tradición discursiva en que se inscribe); buscar en los documentos las marcas de su uso, para saber si fueron leídos, corregidos, respondidos, presentados ante un público determinado; reconstruir a partir de estos textos las prácticas de producción y circulación de la norma; examinar registros de la cultura material de la vida en las escuelas; relevar congruencias e incongruencias de los números y estadísticas presentadas oficialmente; seguir el encadenamiento de diálogos escritos entre los diferentes actores. Además, como se trataba en gran medida de documentos que no eran plasmados en papel sino escritos y circulados de modo virtual, su análisis se constituyó en una apuesta por no desconocer la importancia que pueden tener para los sujetos este tipo de prácticas virtuales en la actualidad. Desde luego, fue necesario tomar ciertos recaudos dado que los escritos y documentos producidos y circulados virtualmente poseen otras características a los documentos oficiales impresos en papel: no es posible discernir en ellos diversas caligrafías o tipos de papel, ni podemos analizar el uso de membretes, sellos o firmas personales. Sin embargo, podemos aún escudriñar en los escritos virtuales los indicios de la cotidianeidad "institucional": quién escribe, a quiénes, cuándo lo hace (qué día, a qué hora), qué modismos utiliza, qué tipografías escoge, cuándo utiliza mayúsculas, negritas, comillas o qué textos bibliográficos adjunta.

yo podía cumplir un rol colaborando para articular las prácticas docentes de ambos espacios. Habiendo aceptado este desafío convoqué a nueve encuentros de este tipo bajo el nombre de "Reunión del Espacio de Educación", los cuales tuvieron lugar entre el mes de junio del año 2010 y el mes de mayo del año siguiente. Desde un inicio, intenté aportar a este espacio siguiendo la experiencia de Achilli (2008, 2009) con los Talleres de Educadores: es decir, intentando intervenir en los debates que allí se suscitaban permitiendo evidenciar cuestiones naturalizadas y, al mismo tiempo, discernir puntos de acuerdo que permitieran avanzar colectivamente.

Sin embargo, dadas las vicisitudes que, como veremos, atravesó el Bachillerato Popular, estas reuniones fueron volviéndose paulatinamente un espacio de encuentro casi exclusivo de los educadores del plan FinEs. En los mismos fuimos tratando la temática central que preocupaba a los educadores de este espacio enmarcado en dicho plan y la cual estaba referida a la necesidad de articular contenidos entre materias. A nivel técnico, estas reuniones fueron grabadas y desgrabadas por mí en su totalidad, socializándose las desgrabaciones con los educadores y señalándoseles algunos núcleos temáticos de interés para ser retomados en el encuentro siguiente. Estos registros textuales pasaron a ser utilizados también –con conocimiento de quienes integraban este espacio– como material de campo de esta investigación.

Si bien en virtud de la perspectiva teórica adoptada el trabajo de campo buscó abarcar a la mayor cantidad de actores y situaciones posibles, será fácil advertir en seguida para el lector/la lectora de este libro la centralidad que tuvieron en mi investigación las figuras de Eugenia y Gastón, militantes que habían fundado el Movimiento, que oficiaban como educadores en las experiencias educativas analizadas y que desplegaban además una militancia en las actividades territoriales de la organización (las cuales ellos mismos distinguían de las actividades educativas). La centralidad que estas dos personas adquirieron en mi investigación responde a cuestiones de diverso orden, aunque todas ellas vinculadas a mi propia subjetividad en el campo y en relación al problema de estudio. Me gustaría objetivar brevemente algunas de estas cuestiones ya que suscribo a que "*la consideración de los hechos subjetivos favorece, en lugar de aniquilar, la objetividad del trabajo*" (Ghasarian, 2008, p. 16).

En primer lugar, Eugenia fue la persona con la que negocié mi ingreso al campo, lo cual me familiarizó centralmente con ella y con Gastón, su pareja. Esta circunstancia "casual" (haberla conocido primero a ella antes que a otro participante de la experiencia, como por ejemplo un activista educativo o un estudiante) confluyó con mi supuesto inicial acerca de la centralidad del Movimiento en la construcción de estas experiencias educativas. Este supuesto orientó mi mirada prioritariamente a intentar dilucidar cómo se daba la relación entre esas experiencias y los militantes de la organización, lo cual se reforzó además a partir de la dinámica misma de las experiencias estudiadas. Mientras que aquellos que oficiaban como educadores se incorporaban a las experiencias educativas y se alejaban de ellas muy frecuentemente (por motivos sobre los que volveré más adelante) la pareja era una especie de "sujeto permanente": no solo en términos temporales sino también espaciales, ya que vivían en la zona donde funcionaban las experiencias educativas mientras el resto de los educadores vivían en otras partes de la ciudad y asistían por motivos puntuales (dar clases o participar de una reunión) al Bachillerato o a las clases del espacio FinEs.

Como veremos en los próximos capítulos, la distancia existente entre el tipo de involucramiento y de saberes que exigían las experiencias educativas era diferente al tipo de involucramiento y de saberes demandados por la militancia territorial. Esa distancia generó numerosos conflictos entre gran parte de los activistas que participaron como educadores –fundamentalmente en el Bachillerato Popular– y quienes habían forjado su identidad política al calor de la militancia territorial, aunque ahora también fungieran de educadores –fundamentalmente Eugenia y Gastón–.

Mirando en retrospectiva mi trabajo, pienso que la profundización de mi vínculo con la pareja se relacionó con un intento por despojarme de las imágenes que los militantes territoriales construían sobre los activistas que participaban como educadores y cuya posición social era la misma que la mía (estudiantes/graduados universitarios, de clase media, hijos de profesionales). Es en este sentido que interpreto por ejemplo mi elección por comenzar a estudiar –además del Bachillerato Popular– el espacio del FinEs Primaria: "*Estamos dando clases en la villa aparte del Bachillerato (...)pero allá es otra cosa, ¿no vas a venir a observar allá también?*", me dijo Eugenia un día de la misma semana en la que me había comentado que tanto ella como Gastón sentían que a los *educadores* del Bachillerato les faltaba "*patear el barrio*". ¿Cómo entender mi aceptación de la invitación sino como parte de mi inclusión en los debates y controversias sostenidos por y entre los sujetos de estudio?

Con el paso del tiempo, esa cercanía con Eugenia y Gastón y con los otros militantes del Movimiento que desarrollaban –aunque más esporádicamente que aquellos– actividades territoriales produjo que me interesara por la complejidad que éstas encerraban. Me propuse comenzar a etnografiar parte de lo que ocurría en esas incursiones de los militantes por las villas y barrios más populares de la zona sud-este de la ciudad, en los procesos de gestión de recursos por los pasillos de diversos ministerios provinciales, en la organización de movilizaciones, "piquetes", ollas populares o merenderos para niños.

Mi indagación por ese universo me permitió reconstruir los saberes cotidianos que eran apropiados por los militantes en la búsqueda por desplegar esa militancia territorial, apropiación que entendí como una experiencia educativa más que tenía lugar paralelamente al espacio del FinEs o al Bachillerato Popular. Pero, además, al observar, registrar y analizar estas actividades cotidianas "territoriales" pude entender mejor la distancia existente entre el involucramiento en este tipo de actividades y las educativas, lo que me permitió explicar parte de las tensiones que atravesaban la cotidianeidad del Bachillerato y del espacio FinEs.

Mi incursión en el "sector territorial" fue bien recibida por Eugenia y Gastón, quienes seguramente vieron en ella mi valoración por el tipo de involucramiento político que ellos desarrollaban y que solían sentir como invisibilizado en el contexto de las actividades educativas. Un tiempo después, de hecho, y casi hacia los finales del período en que realicé el trabajo de campo, me propusieron integrar el Movimiento. Si bien dudé en principio, dado que pensé que esto podía afectar mi investigación, finalmente decidí aceptar ya que acordaba ideológicamente con la propuesta de la organización y mi deseo era el de aportar a la construcción colectiva de ese proyecto. Sostuve ese deseo y mi involucramiento como parte activa del Movimiento durante algunos años, período de mucha intensidad y de grandes aprendizajes que recuerdo con gran afecto. Después, por discrepancias políticas sobre las que no me interesa ahondar aquí, abandoné la organización. Pero ésta sigue activa y aún hoy con muchos proyectos e iniciativas en la ciudad de Córdoba en general y en la zona sud-este de la misma en particular.

Me he detenido a explicitar estas distancias y cercanías y estos involucramientos personales, profesionales y políticos que han atravesado la experiencia del trabajo de campo –y la investigación toda– porque entiendo que tal como sostiene Menéndez (2010) esa explicitación otorga mayores herramientas al lector/la lectora para juzgar la calidad del distanciamiento respecto de mis propios supuestos y la reflexividad que logré a lo largo de la investigación. Y también porque mucho de la escritura de este texto en general y de este apartado en particular me permitió poner en perspectiva, comprender y procesar muchos de estos procesos que me involucraron no solo en términos profesionales y políticos, sino también en términos personales y, por tanto, emocionales y subjetivos.

En la conjunción de estos aspectos subjetivos –y seguramente también de otros que se resisten a mi análisis– con las lecturas teóricas, los debates con los antecedentes y las diversas vicisitudes que siempre presentan los fenómenos culturales, se fue configurando esta etnografía. Sin dudas ese proceso se tejió entre decisiones reflexivas, tanteos y movimientos inconscientes. A partir de ellos algunas puertas se habrán abierto y otras se habrán cerrado: no está de más recordar que sería una ilusión creer que es posible, con nuestra mirada, "cubrir la totalidad del campo" (Bellier, 2008, p. 64).

V. El texto. Sus características, sus posibles aportes y su organización

Todo texto etnográfico, más allá de sus características particulares, se escribe intentando dar cuenta de dinámicas cotidianas, rutinas establecidas, sensaciones y emociones de los sujetos y de las atmósferas o ambientes sociales en que se desarrollan los eventos analizados. También yo he intentado imprimir esa orientación al texto que compone este libro. No obstante, y dada la perspectiva conceptual que adopto, me interesé también por volver inteligibles en la descripción de esos ambientes cotidianos aspectos vinculados al contexto estructural que configuraba a los mismos. En ese camino, intenté que la textualización de esta investigación circulara tanto por *cómo* suceden los procesos como por dar cuenta de *por qué* esos procesos se suceden (Achilli, 2015).

Una de las estrategias utilizadas frecuentemente para la textualización de esta investigación fue la de hacer pivotear la escritura en torno de ciertas escenas cotidianas conflictivas. Esta elección se vincula con la concepción de lo conflictivo como aspectos constitutivos de los procesos estudiados (Achilli, 2009) y como eventos en los que se expresan los argumentos de los distintos actores involucrados. El análisis de esos eventos adquiere importancia porque en el marco de las rutinas de la vida cotidiana esos argumentos suelen estar solapados, tanto intencional como involuntariamente, por quienes los sostienen (Julia, 1995 citado en Rockwell, 2009). Al detenernos en ellos y analizarlos bajo la forma de *episodios sociales dramáticos* (Turner, 1974) busqué tornar visibles "*tanto aspectos que circulan subterráneamente de modo informal o intersticial como aspectos cotidianos que, por muy habituales y rutinarios son desconocidos y/o inadvertidos*" (Achilli, 2009, p. 284).

Otra de las estrategias de textualización ha sido la de conservar el anonimato de los sujetos que protagonizan las experiencias analizadas, así como también el nombre completo del Movimiento y los nombres de los barrios y villas que se mencionan. Todos ellos fueron sustituidos por nombres de fantasía o seudónimos. Esta estrategia se fundamenta en aspectos éticos del trabajo antropológico tendientes a proteger de cualquier inconveniente a las personas con las que se realiza el trabajo de campo (Restrepo, 2016) y en ese sentido se vincula con la posibilidad de analizar las situaciones conflictivas. Al sostener el anonimato de los sujetos es posible detenernos en esos eventos sin riesgo de que los mismos sean utilizados para impugnar a personas concretas, dado que uno de los "peligros" de realizar estudios con los sectores subalternos es que, posiblemente, "*todo lo que se diga sobre ellos se usará en su contra*" (Nader, 1972 citado en Bourgois, 2010, p. 48).

Pero, además, el anonimato sirve a los fines de quitar el foco sobre los sujetos particulares que protagonizan las experiencias analizadas para reflexionar más allá de estas personas y procesos en concreto. En la búsqueda por producir un conocimiento significativo y más general sobre experiencias educativas en movimientos sociales "*no deberíamos olvidar (...) que no estamos estudiando tal o cual institución, sino una problemática social determinada que en ella se despliega*" (Achilli, 2005, p. 65).

En otras palabras, se trata de producir contribuciones útiles para el análisis de otras realidades sociales (y, en este caso, educativas y políticas) que trascienden los universos empíricos analizados. Es en esta línea que Quirós (2011) sostiene –a propósito de su propia investigación sobre movimientos y líderes políticos– que:

> *esas personas están aquí* [en este texto] *porque sus características biográficas, su mundo de relaciones, sus apreciaciones, dilemas, prácticas y sus sentidos de la vida, son un camino para acceder y examinar hechos sociológicos extendidos, en este y otros universos empíricos (...). Precisamente porque el caso es una herramienta para iluminar cosas que ocurren (también, de modo igual, de modo diferente) en otros casos, es que la etnografía siempre llama a la comparación; y que la descripción siempre convoca a la teoría.* (p. 39).

Considero que las precisiones que realiza esta autora respecto de la naturaleza de los estudios etnográficos son válidas aquí también para iluminar las posibles vinculaciones entre *etnografía educativa* y *pedagogía*: un lector o lectora con intereses pedagógicos encontrará aquí la descripción y análisis de procesos socio-educativos encarnados en sujetos y universos sociales concretos pero que seguramente lo inviten a reflexionar en términos más generales y puedan –tal vez– abonar a la formulación de herramientas para construir mejores prácticas educativas.

En línea con este planteo es necesario recordar junto con Rockwell (2009) que aunque el estudio etnográfico de procesos educativos no produce por sí mismo modelos pedagógicos alternativos sí puede contribuir al campo de la pedagogía a través de: la descripción de procesos que se dan dentro o fuera de las instituciones educativas; de la visibilización de los conocimientos locales de los diversos actores que intervienen en el proceso educativo; y –fundamentalmente– a través de la apertura de la mirada para comprender dichos procesos dentro de las matrices socio-culturales en las que se insertan.

Escribí este libro convencida de esa capacidad de propuesta pedagógica que encierran los estudios etnográficos sobre procesos educativos. Lo hice pensando en realizar un aporte a aquellas personas implicadas en experiencias educativas impulsadas por movimientos sociales pero también a aquellas que se desarrollan en el marco del sistema educativo oficial. Espero que el análisis aquí desplegado logre mostrarles a todos ellos y todas ellas que la complejidad de las experiencias educativas –sean producidas bajo el rótulo de Educación Popular o no– es inherente a las mismas y que observadas en su dimensión cotidiana siempre guardan cuotas de sacrificio, de solidaridad y de compromiso político, pero también de desavenencias, de contradicciones y de angustias.

Me interesa también contribuir con una mirada que evidencie que en la heterogeneidad de sentidos y prácticas puestos en juego en la cotidianeidad –ya sean de orden educativo, o político– se incluyen de manera preponderante aquellos que son hegemónicos y respecto de los cuales los sujetos se identifican, toman distancia y de los cuales también se apropian a partir de procesos cuyo sentido no puede ser definido *a priori*. Espero del mismo modo que la documentación de ese proceso contradictorio en experiencias educativas "no oficiales" sirva a los fines de relativizar la idea de la existencia del sistema educativo oficial como un todo homogéneo y siempre eficaz en la tarea de reproducir la desigualdad social. Por el contrario, apuesto a que el cuestionamiento de las dicotomías entre educación popular y escuela tradicional/oficial permita pensar a esta última como un heterogéneo campo de disputa, histórica, social y culturalmente situado.

Para finalizar, deseo que algo de este trabajo sirva también aquellos que desde los ámbitos estatales trabajan formulando políticas y programas educativos: ojalá el análisis de estas realidades concretas sirva para recordarles que las políticas educativas deben ser diseñadas atendiendo a sujetos individuales y colectivos que condensan tanto necesidades fundadas en procesos de exclusión como capacidades y saberes múltiples para la construcción de proyectos político-educativos. Las actuaciones estatales pueden y deben (o al menos deberían) reconocer no solo esas posiciones educativas y políticas desiguales desde las cuales actúan los sujetos colectivos subalternos sino también la genuina agencia y la creatividad que estos portan en relación a las necesidades de los sectores populares.

La organización que adopta este libro es la siguiente:

En el primer capítulo, titulado "Los orígenes del Movimiento. Las actividades territoriales y el inicio de las actividades educativas", indago en los procesos sociales que configuraron el contexto en el que surgieron las experiencias educativas del Movimiento. Persiguiendo este objetivo tramo los relatos sobre los orígenes de la militancia de los fundadores del Movimiento con el análisis de ciertos procesos sociales del pasado reciente. Luego examino el proceso de fundación del Movimiento, su inclusión dentro del Frente y el desarrollo de actividades territoriales y de actividades educativas por parte de la organización, a la vez que explicitaré ciertas diferencias en los tipos de activismo y de activistas que unas y otras actividades producían. Por último, exploraré ciertas características del contexto educativo de jóvenes y adultos, sector al cual estuvieron dirigidas dos de las experiencias educativas que analizaré más adelante –el Bachillerato Popular y el espacio de FinEs primaria–.

En el segundo capítulo, titulado "El Bachillerato Popular. Educación popular, educación tradicional: tensiones en torno a lo político y lo educativo", presento en primer lugar, las características generales de funcionamiento del Bachillerato Popular así como del espacio físico y el entorno social en el cual esta experiencia se desarrolló. Después, reconstruyo algunas controversias entre quienes participaron como educadores del Bachillerato en torno a aspectos como el uso de los registros de asistencia estudiantil, las calificaciones numéricas o los contenidos curriculares. Luego, a partir del análisis de una asamblea estudiantil, indago en algunos de los sentidos desde los cuales participaban de esta experiencia los y las estudiantes. Por último, presento los sentidos políticos heterogéneos forjados desde las distintas identidades políticas de las y los educadores (la de los militantes territoriales y la de los activistas educativos) a propósito de la demanda de oficialización del Bachillerato.

En el tercer capítulo, titulado "El espacio FinEs Primaria. Apropiaciones de un programa educativo oficial y construcción de sentidos políticos diversos", indago en la experiencia educativa enmarcada dentro del plan educativo FinEs Primaria y desarrollada en el contexto del Movimiento. En primer lugar, analizo el proceso por medio del cual una experiencia educativa previa –realizada de manera "informal"– pasó a enmarcarse en el programa FinEs primaria, en las transformaciones que ese nuevo encuadre supuso y en la interrelación de esas transformaciones con otras políticas estatales presentes en el contexto del Movimiento. En segundo lugar, puntualizaré en los múltiples procesos de apropiación que realizaron respecto de distintos elementos presentes en la normativa del plan quienes se desempeñaron como educadores de esta experiencia educativa. Por último, me detengo en la exploración de los múltiples sentidos (incluidos algunos de orden político) desde los cuales significaban su inclusión en esta experiencia educativa las mujeres que participaban en ella como estudiantes.

En el cuarto capítulo, titulado "'*No teníamos idea cómo era ir a un ministerio a abrir gestiones*'. Los saberes cotidianos de la militancia territorial", analizo algunos de los saberes cotidianos apropiados por Eugenia y Gastón en función de sus rutinas diarias de militancia en el sector territorial del Movimiento. Parto de entender que estos procesos de apropiación constituían una experiencia educativa más que –aunque de manera más implícita, informal y asistemática– tenía lugar en el contexto del Movimiento. Para ello puntualizo, en primer lugar, en qué consistían las actividades territoriales o del sector territorial del Movimiento y qué características asumían esas actividades en el contexto político concreto del período analizado. En segundo lugar, exploro –a propósito del análisis de un proceso de demanda ante el Estado– qué saberes cotidianos específicos eran apropiados por Eugenia y Gastón en tanto militantes/referentes territoriales. Por último, indago en algunos eventos que evidencian cómo los saberes cotidianos apropiados en el marco de las actividades territoriales entraban en tensión con las actividades educativas (y con los saberes asociados a ellas) en el marco de las propias trayectorias militantes de Eugenia y de Gastón y de distinta manera en el caso de cada uno de ellos.

Finalmente, en el apartado "Reflexiones finales" repaso cuáles han sido las síntesis parciales realizadas en cada capítulo y qué tienen las mismas para decirnos –en conjunto– respecto de las experiencias educativas desarrolladas en/por movimientos sociales.

CAPÍTULO I

Los orígenes del Movimiento. Las actividades territoriales y el inicio de las actividades educativas

I. Presentación

En este capítulo me propongo indagar en los procesos sociales que configuraron el paisaje hegemónico (Crehan, 2004) en el que surgieron las experiencias educativas que analizo en este libro[1]. Persiguiendo este objetivo iré tramando los relatos sobre los orígenes de la militancia de los fundadores del Movimiento con el análisis de ciertos procesos sociales del pasado reciente. Luego examinaré el proceso de fundación del Movimiento, su inclusión dentro del Frente y el desarrollo de actividades territoriales y de actividades educativas por parte de la organización. Apoyándome en el trabajo de Vázquez (2011) explicitaré ciertas diferencias en los tipos de activismo y de activistas que producían las actividades territoriales y las educativas. Por último, exploraré ciertas características del contexto educativo de jóvenes y adultos, sector al cual estuvieron dirigidas dos de las experiencias educativas que analizaré más adelante –el Bachillerato Popular y el espacio de FinEs primaria–.

II. Una entrevista final para volver a los inicios. La militancia previa de Gastón y Eugenia y la fundación del Movimiento

La noche del 24 de junio del año 2012 realicé una entrevista a Gastón y Eugenia, la pareja fundadora del Movimiento. Hacía dos años y medio que había comenzado mi trabajo de campo y el mismo estaba llegando a

---

1 Con el concepto de *paisaje hegemónico* Crehan (2004) alude a una forma de comprender los contextos sociales que es tributaria de la categoría de hegemonía formulada por Antonio Gramsci. Hablar de paisajes hegemónicos "*es una forma de interpretar un panorama del poder en continua mutación que incluye tanto una descripción de la 'realidad' tal como la perciben determinados pueblos en determinados lugares, como las duras realidades que están fuera del ámbito del discurso (...) lo que constituye un paisaje hegemónico concreto en un momento dado –sin olvidar que siempre es un momento en una incesante lucha de poder, donde el poder nunca está del todo asegurado–*" (p. 195).

su fin. Fue tal vez por eso que en un movimiento inconscientemente circular dediqué nuestro encuentro a indagar en las secuencias de hechos más antiguas que iba a abordar con mi investigación: aquellas que habían conducido, hacía diez años atrás, a la fundación de la organización. Nuestro encuentro fue por la noche y, de manera poco usual, en el centro de la ciudad. Justo ese día y a esa hora, la pareja se encontraba reunida con José y Hugo, otros dos integrantes del Movimiento, para salir a pegar afiches por las carteleras céntricas de Córdoba.

Los afiches que se pegarían esa noche eran el medio gráfico para convocar a los cordobeses al "corte" del Puente Centenario que se realizaría dos días después, más precisamente el 26 de junio. Con ese corte (y con una posterior movilización que finalizaría en un acto) se buscaba rememorar el aniversario del asesinato de los militantes "piqueteros" Darío Santillán y Maximiliano Kosteki, muertos a manos de las fuerzas de seguridad el día 26 de junio del año 2002 luego de la represión desatada en el Puente Pueyrredón que une la provincia de Buenos Aires –más precisamente el partido de Avellaneda– con la capital del país. Estos sucesos serían conocidos posteriormente como "la masacre de Avellaneda" y se constituirían en un hito recordado año a año por numerosas organizaciones y movimientos políticos que reclamaban –cada 26 de junio– por el esclarecimiento del asesinato y el enjuiciamiento efectivo de los responsables del mismo.

Pero además, la masacre de Avellaneda había sido un hito histórico en el ascenso de las luchas de las organizaciones de trabajadores de desocupados (auto-identificadas como "piqueteras") que, por aquel entonces, bloqueaban reiteradamente rutas nacionales y provinciales[2]. Con esos bloqueos o "piquetes" demandaban al Estado nacional la ampliación y mejora de las magras políticas de emergencia destinadas a paliar los efectos de la crisis económica que había desembocado en los trágicos sucesos de diciembre de 2001. Asimismo, el grado de impunidad con que la policía provincial, federal y la gendarmería habían reprimido a las organizaciones "piqueteras" aquel 26 de junio[3] había sido tan grande que la condena social no tardó en recaer sobre el gobierno del presidente Eduardo Duhalde, responsable político de los asesinatos. Este se vio forzado entonces a adelantar 6 meses las elecciones presidenciales por medio de las cuales, finalmente, Néstor Kirchner sería elegido presidente de la República.

Luego de su muerte, la figura de Darío Santillán se volvería una figura emblemática del campo político de la izquierda argentina. Hijo de trabajadores de la salud, este inquieto joven había decidido luego de concluir sus estudios secundarios "*dejar su casa, donde tenía ciertas comodidades, para*

---

2 Solo en Capital Federal y Gran Buenos Aires se produjeron 886 bloqueos de ruta por parte de organizaciones sociales en el año 2002 (Delamata, 2004).

3 Sobre los sucesos del 26/06/2002 en el Puente Pueyrredón puede consultarse Movimiento de Trabajadores Desocupados Aníbal Verón (2021).

irse a vivir a un lugar con mucha pobreza" en la zona sur del Gran Buenos Aires, tal como rememoran sus allegados en un documental que retrata su vida[4]. Allí, había tenido un rol protagónico en la construcción de una de las organizaciones de mayor importancia dentro del campo "piquetero". Por esa apuesta política, Darío había "*puesto el cuerpo*"[5] en todos los sentidos: compartiendo precaria vivienda, hambre y frío con los sectores más marginados del conurbano bonaerense y entregando la vida en su intento por salvar a un compañero (Maxi Kosteki) casi desconocido para él cuando arreciaba la represión policial aquel 26 de junio.

Recuperando su figura y su ejemplo había nacido en el año 2004 un *Frente* nacional de organizaciones en el que confluían organizaciones piqueteras, estudiantiles, colectivos culturales, artísticos y agrupaciones sindicales. A este Frente se sumaría, en el año 2007, el Movimiento cordobés. Por ese motivo, parte de los afiches que saldrían a pegar los militantes en la noche del 24 de junio había llegado en encomienda desde Buenos Aires, enviados por el Frente tanto a Córdoba como a otras provincias del interior del país. En este afiche podía leerse: "*Darío y Maxi no están solos. A 10 años su ejemplo se multiplica*" junto a un dibujo de los rostros de los "piqueteros" asesinados.

Necesité de varios meses para apreciar que las historias que escucharía esa noche me permitirían entender más cabalmente –y una vez que fueran puestas en relación con otros registros– el modo en que se había ido configurando históricamente el activismo de la generación militante de Eugenia y Gastón. Sin la consideración de esos modos me hubiera resultado más dificultoso interpretar luego el lugar que ocupaban las actividades educativas como el Bachillerato Popular y el espacio FinEs en el contexto de la organización, el tipo de involucramiento político que éstas suponían, y las tensiones que en torno a las mismas se desataban.

La pareja se había conocido a mediados de la década de 1990 a partir de una militancia juvenil compartida en el cristianismo de base. En el año 1999, ambos habían pasado a formar parte del Movimiento de Vecinos Autoconvocados de Córdoba (MVA). Este era una organización vecinal que había surgido a propósito de las políticas neoliberales que se venían aplicando en el país y en el continente. Los objetivos centrales del MVA eran parar la ejecución de remates de viviendas, amparar a los desocupados cuyas cuentas bancarias eran embargadas o exigir la resolución de proble-

4 Mirra, M. (director) (2012) *Darío Santillán. La dignidad rebelde* [película]. Argentina: Filmaffinity.

5 Recupero este término ("*poner el cuerpo*") porque, como veremos más adelante, lo presentaré como una categoría nativa desde la cual se expresan modos específicos de involucramiento político en las experiencias educativas. No es casual, en este sentido, que el libro que recupera la historia de vida y de militancia de Santillán se titule, precisamente, *Darío Santillán. El militante que puso el cuerpo* (ver referencia bibliográfica en el apartado final de este trabajo).

mas de infraestructura urbana como el tendido de redes cloacales y de agua potable, entre otras cuestiones (Franco y Medina, 2011).

En el marco de un clima de gran efervescencia social, la toma de edificios públicos se fue volviendo la principal metodología de protesta del MVA. Entre otros, el Movimiento Vecinalista había tomado por períodos variables de tiempo edificios como el consulado de España, los Tribunales Federales de Córdoba, el Ministerio de Trabajo provincial, el Ente Regulador de Servicios Públicos, la Defensoría del Pueblo o la Catedral de Córdoba. La ocupación de este último edificio –ícono máximo del poder eclesiástico en una provincia de fuerte tradición católica– había llegado a ser noticia nacional no solo por el simbolismo del lugar ocupado sino también por el extenso lapso de tiempo (45 días) que duró la ocupación[6]. Mediante esta acción, los Vecinos Autoconvocados reclamaban la sanción de una "ley de emergencia social" que, entre otras cosas, frenara los remates y embargos de la vivienda única:

> *(...) la ocupación de la Catedral, además de simbolizar el desamparo en el que se encontraban los sujetos y resguardar a los manifestantes frente a la eventual represión estatal, representaba una presión a la jerarquía de la Iglesia en reclamo de su rol como mediadora entre las organizaciones y el gobierno provincial.* (Franco y Medina, 2011, p. 15).

Al participar de esa toma Eugenia y Gastón se unieron definitivamente al MVA, golpeados ellos también por la crisis económica, pero imbuidos además del clima político de época. De hecho, aunque ambos tenían chances de conseguir algún tipo de empleo (Eugenia estaba recién recibida de maestra y Gastón provenía de una familia de trabajadores del sector energético) decidieron sobrevivir con "changas" esporádicas para poder participar de las numerosas actividades desarrolladas por el movimiento vecinalista.

Del paso por el MVA, Eugenia y Gastón recuperaban distintas vivencias personales y políticas, pero entre ambos reconstruían un paisaje social atravesado tanto por una gran movilización social (que incluía enfrentamientos diarios con las fuerzas de seguridad) como por condiciones de vida sumamente precarias para la población:

> *(...) la gente no tenía trabajo, no podía pagar impuestos, no podía pagar servicios, y bueno, empezaba una deuda hasta que le llegaba la intimación del remate (...)* [en la toma de la catedral] *había unas 40, 50 perso-*

---

6 En una nota periodística del año 1999 aparecida en el periódico *Página/12* se señalaba: "[respecto del] *Tedéum del 9 de julio pasado, que no se realizó en la Catedral como tradicionalmente ocurre, los vecinos* [autoconvocados] *aseguraron que 'las autoridades no vinieron para no vernos las caras, para no enfrentar el problema social' (...). 'No creemos que a Jesús le molesten los pobres en la Catedral, ésta es nuestra casa. El verdadero debate debería ser dentro de la estructura de la Iglesia, para ver si realmente está comprometida con los pobres o no', definió Noel Alberto Quinteros, uno de los delegados de los Vecinos Autoconvocados*" (Gutiérrez, 1999).

nas fijas (...) [pero] *circulaban 200 o 300 personas por día (...) se hacía una polla* [una colecta] *para hacer un guiso (...) entonces se compartía la comida en una mesa grande con un montón de vecinos y después de comer venían otros y rumiaban* [comían los restos] *de lo que había dejado la primera tanda (...) venía mucha gente que estaba muy mal.* (Eugenia, entrevista 25/06/2012).

Cuando tomamos la catedral había presiones de la policía, había infiltrados (...) a la noche hacíamos guardias en el campanario (...). Y siempre había roces con la cana [la policía], *te provocaban (...) tomamos la legislatura un día entero (...). Tribunales también (...). Ahí vino la policía y dijo que si en 15 minutos no se desalojaba iban a proceder (...) y como nos quedamos ahí hubo cuarenta y pico de presos durante dos días (...) era una época en que nos jugábamos todo (...) todos los días.* (Gastón, entrevista 25/06/2012).

Durante las tomas se solían realizar además *escraches*[7] a funcionarios estatales. Entre los numerosos recortes de diario que la pareja guardaba de aquella época, hubo uno que llamó particularmente mi atención. En él podía verse a Eugenia gritando en la cara de un funcionario, rodeada de una gran cantidad de vecinos entre los que se encontraba Gastón. Respecto de esta fotografía, Eugenia me relató: "*Íbamos a escrachar a los funcionarios, los re puteábamos* [insultábamos] *(...) no era como ahora, que pedís una reunión, vas a negociar (...) no. Ahí entrábamos y entrábamos a las patadas y a las puteadas*".

Con el crecimiento de los movimientos de trabajadores desocupados a mediados del año 2001 el MVA se hizo eco de las luchas "piqueteras" que se desarrollaban fundamentalmente en el Gran Buenos Aires. Comenzaron entonces a articularse acciones entre los movimientos vecinalistas y los de trabajadores desocupados y a apoyarse mutuamente:

Viajamos a ese corte gigante que hubo en La Matanza [partido del Gran Buenos Aires colindante con la ciudad capital] *(...). Fuimos para dar el apoyo del MVA de Córdoba (...). Un tiempo después vino Martino*[8] *a Córdoba y como que se interesó por esa metodología nuestra de las tomas ¿viste? (...). "¿Cómo es esto de la tomas?" nos preguntaba (...)*

---

7 El término "escrache" alude en Argentina a una acción de denuncia pública de una persona en su domicilio, lugar de trabajo u otro espacio público y en función de su implicación o responsabilidad en determinado delito o defraudación. La palabra comenzó a ser utilizada en nuestro país a mediados de la década de 1990, cuando los organismos de derechos humanos "escrachaban" en sus domicilios a los genocidas de la última dictadura militar indultados de sus crímenes por el gobierno de Carlos Menem.

8 Roberto Martino era el dirigente nacional del Movimiento Teresa Rodríguez, organización "piquetera" de trabajadores desocupados de alcance nacional. Puede encontrarse en Quirós (2011) una etnografía que incluye referencias sobre su figura y sobre la toma del Ministerio de Trabajo mencionada más adelante en este extracto de entrevista.

ahí le explicamos que no había que decirle toma porque te podían levantar cargos, había que llamarlo "encuentro permanente de vecinos autoconvocados" (...). Y a la semana más o menos tomaron ellos el Ministerio de Trabajo de Buenos Aires. (Gastón, entrevista 25/06/2012).

A la par de estas acciones la organización de vecinos comenzó a incluir en sus demandas –ya en el año 2002– el pedido de planes sociales de empleo transitorio. Particularmente, se demandaban los recién lanzados planes "Jefes y Jefas de Hogar Desocupados" que exigían, a cambio de una suma de 50 dólares mensuales, una "contraprestación" de 4 horas diarias de trabajo en proyectos productivos o en actividades de capacitación junto con la presentación de certificados de asistencia escolar y de controles sanitarios de los hijos menores de edad[9]. Cuando el MVA accedió finalmente a estos planes Eugenia y Gastón se inscribieron como beneficiarios del mismo realizando la contraprestación correspondiente en una escuela de oficios para jóvenes creada por el MVA y ubicada en la zona oeste de la ciudad. Eugenia realizaba allí tareas de apoyo escolar y Gastón, por su parte, realizaba el mantenimiento de las instalaciones. Más adelante, él también comenzó a dictar clases. Lo hacía en el taller de carpintería para jóvenes.

Sin embargo, Eugenia y Gastón rememoraban que la llegada de estos planes había desatado discusiones al interior del Movimiento de Vecinos Autoconvocados. Entre otras cuestiones, se debatía en torno al insumo de energía que suponía la organización de emprendimientos productivos donde cientos de vecinos realizaran la "contraprestación laboral" exigida por el PJJHD. No obstante, ambos sostenían que detrás de estos debates también estaban en juego los diversos posicionamientos existentes entre los integrantes del MVA en torno a la posibilidad de articulación entre el movimiento vecinalista y el componente social, las demandas y la metodología de lucha de las organizaciones "piqueteras":

(...) cuando empezamos con los piquetes, los cortes de ruta, los planes, se metió la discusión entre nosotros (...) porque veníamos haciendo acciones de (...) de tomas de edificios estatales, públicos, pero ahora algunos queríamos ir al corte, ¡a la ruta! (...) pero no a todos les prendió (...) porqueee (...) digamos que (...) por el componente social de

---

9 Según Manzano (2009) este plan constituyó una de las acciones estatales que se enmarcaron en los lineamientos globales del *Workfare* propiciados por organismos internacionales de crédito (fundamentalmente el Banco Mundial) que se aplicaron en Argentina como parte de proyectos de estabilización y ajuste fiscal tendientes a "focalizar" el gasto social, instalados a su vez en la dialéctica de asistencia-represión a los pobres. Si bien sabemos que existieron dos millones de beneficiarios del PJJHD a nivel nacional, solo contamos con el testimonio de un funcionario de la sede Córdoba de la Gerencia de Empleo y Capacitación Laboral respecto de datos específicos para la provincia: el mismo sostiene que fueron 105.600 los planes "bajados" a Córdoba (entrevista a Secretario GECL 25/07/2012). Para un análisis pormenorizado sobre el Plan Jefes y Jefas de Hogar Desocupados puede consultarse Freyre (2013).

los Vecinos Autoconvocados (...) que era gente que tenía casa, aunque se la fueran a rematar tenían casa (...) gente que más o menos había tenido un empleo (...). Y el movimiento piquetero es como que tiene arraigo en otros sectores, más así, clase más baja, de villa (...). (Gastón, entrevista 24/06/2012).

Esta tensión entre sectores del MVA fue uno de los motivos esgrimidos por Gastón y Eugenia para alejarse del movimiento vecinalista en el año 2002. Más allá de este distanciamiento y aunque el MVA dejara de existir un tiempo después, las imágenes de las tomas, de las grandes movilizaciones, el acercamiento a organizaciones "piqueteras" y las primeras acciones en torno a la gestión de planes sociales formaban parte de las *tradiciones asociativas* (Manzano, 2004b) en las cuales Gastón y Eugenia habían forjado su primera militancia. Desde estas tradiciones se configurarían los sentidos de los dos militantes en torno a la vinculación con sectores populares, y a las formas legítimas de hacer política con ellos. Esos sentidos se harían presentes en los años siguientes, en los cuales se fundaría el Movimiento y se desarrollarían las primeras actividades del mismo.

III. La fundación del *Movimiento* y el ingreso al *Frente*

En el año 2002, aunque ya alejados del MVA, Eugenia y Gastón seguían inmersos en un clima social de gran movilización política donde numerosos sectores de la sociedad continuaban desarrollando diversas luchas y los efectos de la crisis económica seguían vigentes. "*Con toda esa efervescencia que había decíamos 'tenemos que seguir, tenemos que seguir (...) ¡algo hay que hacer!*" (Eugenia, entrevista 10/05/2010).

En octubre de ese año la pareja decidió fundar el Movimiento, invitando a participar del mismo a un grupo de jóvenes conocidos, muchos de ellos familiares de Gastón que tenían aproximadamente su misma edad. La idea era que la nueva organización pudiera consolidar un "trabajo político zonal": es decir, desarrollar actividades vinculadas con las problemáticas de los vecinos y pobladores del sector sud-este de la ciudad, lugar donde Eugenia y Gastón residían. Este objetivo se vio, sin embargo, un tanto aplazado: en consenso con el resto de las personas que pertenecían a la organización, se decidió centrar la actividad de la misma en la realización de "murales" callejeros. Estas pinturas –que poseían contenido político– eran utilizadas para apoyar diversas luchas que se daban en la ciudad y en localidades cercanas y para coordinar acciones con otras organizaciones. La confección de los murales era significada, además, como una práctica a partir de la cual se continuaba reflexionando en torno a los modos de construir "colectivamente":

(...) de ese grupo surge la idea de laburar la cultura popular o el arte callejero y entonces empezamos a hacer murales en los barrios juntán-

donos una vez por semana (...) armábamos los murales, los discutíamos, veíamos bien dónde los íbamos a hacer (...) también nos juntábamos con otras organizaciones para pensar y pintar colectivamente algo, y después sacábamos conclusiones de ese trabajo colectivo (...) analizábamos mucho cómo había sido todo el proceso, cómo nos habíamos llevado con las organizaciones, si habíamos logrado hacer algo colectivo o habían sido dibujos individuales (...) estábamos preocupados por ver cómo construir de manera realmente colectiva. (Eugenia, entrevista 10/05/2010).

La actividad del Movimiento realizando murales en distintos puntos geográficos de la provincia se extendió durante algunos años. Pero Gastón y Eugenia continuaban pensando en la necesidad de asentar la actividad de la organización en alguna zona concreta de la ciudad de manera tal de poder establecer un contacto cotidiano y un vínculo más duradero con pobladores de villas y barrios marginales y trabajar en torno a sus necesidades. Además, veían la necesidad de relacionarse con alguna organización de alcance nacional, cuestión que ya habían planteado como necesaria cuando formaban parte del MVA y que les había valido numerosas discusiones con aquel movimiento.

Llegado el año 2006 ambos anhelos comenzaron a verse como posibles de ser materializados a partir del ingreso al *Frente*. Esta organización de alcance nacional había sido conocida por la pareja cuando se vincularon a uno de sus referentes nacionales quien se encontraba de visita en Córdoba. Esta persona les regaló en aquel entonces un libro sobre la "masacre de Avellaneda", a partir del cual la pareja conoció con mayor profundidad acerca de la vida, la militancia y la muerte de Darío Santillán.

Tal como mencioné al inicio de este capítulo, este Frente se había constituido como tal en el año 2004 (dos años después del asesinato de Darío y Maxi) y estaba conformado por diversas organizaciones del país que provenían fundamentalmente del campo "piquetero" (es decir, con una base social que habitaba en barrios y asentamientos urbano-marginales) y de la militancia estudiantil universitaria. Si bien el Frente se había propuesto reunir además a colectivos artísticos, culturales y a agrupaciones sindicales, era posible advertir (como también reseña Vázquez, 2011) que la presencia de estos sectores era menor en comparación con los dos primeros.

El nacimiento del Frente en el año 2004 puede ser interpretado a la luz de las transformaciones políticas que comenzaban a efectuarse en el escenario político y económico nacional abierto luego de la asunción de Néstor Kirchner como presidente de la nación, en mayo del año 2003. A partir de este momento –y en la búsqueda por restablecer la legitimidad institucional tan profundamente cuestionada a partir de la crisis de 2001– se comenzaron a desarrollar dos procesos que impactaron a lo largo de la década de 2000 sobre las organizaciones sociales que venían protagonizando las luchas más álgidas de ese final/principio de siglo.

En primer lugar, comenzó a consolidarse una fase de incremento de la actividad económica cercana al 8% anual que se expresó en una importante incorporación de trabajadores a la producción, incidiendo de manera positiva en las tasas de empleo (Schneider, 2013). Esta recuperación de los índices macro-económicos –que es asociada por algunos autores con la inserción de nuestro país en el mercado mundial a través de un patrón productivo transnacionalizado y orientado principalmente al complejo extractivo-rentista (Féliz y López, 2012; Gago *et al.*, 2014)– fue acompañada con distintas políticas sociales y con estrategias políticas específicas hacia sectores movilizados.

En relación a la primera de estas cuestiones, hay que señalar el lanzamiento paulatino –a lo largo de toda la década– de diversos planes sociales e inclusive políticas de tipo universalistas orientadas a atender a los sectores populares. La clave de estas actuaciones estatales residió no solo en su gran variedad (complejizando un panorama dominado anteriormente por algunos pocos planes entre los que se destacaba el PJJDH) sino también, en algunos casos, en transformaciones en la modalidad de asignación, como es el caso de la Asignación Universal por Hijo que se gestiona entre el "beneficiario" y la Administración Nacional de la Seguridad Social, sin la intermediación de organizaciones de la sociedad civil entre ambos.

En segundo lugar, a la par de la recuperación económica y del desarrollo de estas políticas sociales comenzaron a ponerse en práctica una serie de estrategias gubernamentales tendientes a desarticular las luchas (o bien a articularlas en torno a los intereses de la propia fuerza gobernante) de los colectivos sociales que habían protagonizado los eventos de protesta más masivos entre los años 1999 y 2002: particularmente, los movimientos "piqueteros". Se trató de estrategias como la integración de dirigentes y militantes de estas organizaciones en instancias políticas institucionales; el recorte y re-direccionamiento selectivo del gasto social hacia organizaciones cercanas al gobierno; o la erosión de las estrategias de confrontación por medio de la criminalización y judicialización de los actos de protesta (Svampa, 2004; Fornillo *et al.*, 2008).

Es decir que tanto a través de las estrategias gubernamentales hacia las organizaciones y movimientos sociales como a partir de la recuperación de los índices macro-económicos comenzaron a verse redefinidos (al menos durante la década de 2000) los repertorios de acción de los colectivos sociales y, principalmente, de las organizaciones de trabajadores desocupados o "piqueteras" (Masetti, 2011). Fueron así perdiendo peso las acciones orientadas a la confrontación pública a través de los cortes de ruta o de tomas de edificios estatales para demandar planes sociales, fuentes de trabajo, *bolsones*[10] de alimentos o subsidios para comedores públicos.

---

10 Con el término "bolsón" se alude en Argentina a un conjunto de alimentos no perecederos otorgados por el Estado (en cualquiera de sus niveles: municipal, provincial o nacional). Estas partidas de alimentos suelen ser solicitadas, receptadas y repartidas por

Fue en este contexto que numerosas organizaciones optaron –aunque sin renunciar totalmente a la movilización– por privilegiar actividades más centradas en problemáticas barriales (Svampa, 2004) y menos en la confrontación directa en escenarios públicos. Este desplazamiento se vio reflejado inclusive en el cambio de denominación de estas organizaciones, muchas de las cuales pasaron de identificarse como "*de trabajadores desocupados*" o "*piqueteras*" a utilizar denominaciones como "*organizaciones territoriales*", "*barriales*" o simplemente "*sociales*" (Vázquez, 2011). Estos cambios denotaban además cierta recuperación en el nivel de vida de las bases sociales de estas organizaciones, recuperación que como ya mencioné, había des-potenciado la adscripción identitaria en tanto "trabajadores desocupados".

La conformación misma del Frente en tanto construcción "multisectorial" de diversos actores y luchas sociales puede ser leída en clave de –entre otras cuestiones– la pérdida de centralidad de la "cuestión piquetera" y de la consecuente búsqueda de las organizaciones de desocupados por articular su accionar con otros colectivos sociales. Esto supuso

> *(...) ampliar la cantidad y el tipo de organizaciones que convergen en un mismo espacio de coordinación, desplazándose así de las demandas y reivindicaciones sostenidas exclusivamente entre los movimientos de trabajadores desocupados, incorporándose otras nuevas que dan sentido a la acción conjunta entre diferentes sectores.* (Vázquez, 2011, p. 219).

También podemos ver este proceso reflejado en las palabras de un documento a través de las cuales se anunciaba públicamente la conformación del Frente en el año 2004:

> *Nos encontramos en un escenario político en el que debemos priorizar las tareas de acumulación, lo que implica fortalecer cada una de nuestras organizaciones a nivel territorial y profundizar las instancias de coordinación y de articulación entre cada una de ellas. Desde nuestro espacio apostamos a la incorporación de nuevos grupos y organizaciones que compartan estos acuerdos básicos con el objetivo de proyectarnos como una alternativa política dentro del conjunto de los que luchan.*

Volviendo ahora al Movimiento, si bien éste podía ser identificado como un colectivo "cultural" por su actividad con murales –y de hecho así fue reconocido al momento de su ingreso al Frente– lo cierto es que desde el principio se vinculó con aquel sector de organizaciones del Frente que provenían del ámbito "piquetero" (y que, en función del desplazamiento nominal ya mencionado, pasaría a ser identificado hacia el interior del Frente como el sector "territorial"). Eugenia y Gastón sostenían que de la mano de este vínculo habían logrado hacer realidad el objetivo que ellos

---

distintas organizaciones sociales, civiles o religiosas orientadas a atender las necesidades de los sectores populares.

se habían propuesto en los inicios del Movimiento por consolidar un trabajo político "de tipo barrial", con un contacto diario e intensivo con los pobladores de los barrios marginales. Además, ligaban este anhelo con la recuperación de sus experiencias y aprendizajes con el Movimiento de Vecinos Autoconvocados:

> ***Eugenia:*** *Porque nosotros, digamos (...) aunque hiciéramos murales, en el fondo veníamos de la experiencia de Autoconvocados, y hacia allí íbamos, o sea (...) la idea era volver como a nuestros orígenes (...).*
> ***Entrevistadora:*** *¿Te referís a las tomas, a los piquetes?*
> ***Eugenia:*** *Sí (...)* [silencio] *(...) Volver al trabajo con la gente de barrio.* (Eugenia, entrevista 24/06/2012).

Como vemos, Eugenia invoca la vuelta "a los orígenes" (asociada al MVA) como catalizadora de la nueva construcción barrial/territorial a la que se entregaba el Movimiento a partir de su ingreso al Frente. Sin embargo, su silencio frente a la mención de tomas y piquetes puede interpretarse como un indicio del reconocimiento que ella misma hacía acerca del hecho de que la nueva construcción debía materializarse en el nuevo paisaje hegemónico de ese entonces: un paisaje que suponía para las organizaciones "piqueteras" comenzar a desarrollar una dinámica más ligada a las actividades barriales/territoriales en articulación con otros sectores sociales. Actividades orientadas a la "consolidación", "fortalecimiento" y "acumulación" de las organizaciones (tal como veíamos en la cita del documento del Frente unos párrafos atrás) más que a la confrontación pública y directa con las autoridades y las fuerzas represivas.

Por otro lado, Eugenia y Gastón también vinculaban el ingreso al Frente y la opción por la construcción barrial con el agotamiento de las actividades de realización de murales. Según relataba la pareja, eran cada vez menos los integrantes del Movimiento que asistían a realizar estas actividades y cuando, a poco de entrar al Frente, ellos propusieron comenzar con actividades en barrios y villas de la zona sud-este de la ciudad, las pocas personas que aún participaban de la organización decidieron alejarse por no querer emprender este tipo de trabajo político:

> *El resto decidió que no (...) que no querían hacer trabajo territorial. Sí estaban de acuerdo con colaborar de vez en cuando en algo (...) pero no armarlo de cero, no (...) "es mucho tiempo" decían (...) y ya varios estaban trabajando, con otras cosas (...). Así que por ahí pasaban a dejar cosas para los chicos de la villa, para el comedor, para el merendero, pero no estar todo el tiempo acá. Entonces ahí fue una ruptura, y quedamos nosotros solos (...). Fue muy duro, porque era empezar de cero (...) con toda la experiencia que traíamos de Autoconvocados, de hacer acciones de 600 personas, a tener que empezar a golpearle la puerta a alguien que no te conoce y decir "hola, somos tal" (...).* (Gastón, entrevista 24/06/2012).

El ingreso al Frente fue para el Movimiento el inicio del desarrollo de actividades territoriales sostenidas en el tiempo y en un mismo espacio –algunas villas y barrios marginales de la zona sud-este de la ciudad–. Y si bien no se trataba del mismo tipo de militancia que se sostenía unos años atrás con los mismos sectores sociales –y que se hubiera asociado a las movilizaciones, piquetes y a la confrontación directa– tampoco se trataba del tipo de involucramiento político que sostendrían los nuevos jóvenes que se acercarían a la organización intentando desarrollar actividades educativas.

IV. Llegar a Villa Los Álamos: actividades territoriales, actividades educativas

La nueva etapa del Movimiento se inició entonces con el trabajo de ir a "*golpear la puerta*" de la casa de personas ante las cuales tanto Gastón como Eugenia se sentían como completos desconocidos. Se trataba específicamente de los vecinos y vecinas de Villa Los Álamos, un asentamiento irregular ubicado en el borde de la zona sud-este de la ciudad y muy cercano a barrio Olimpia, sitio donde residía la pareja de militantes junto a sus dos hijos.

Los Álamos era una villa relativamente nueva, formada al calor de la inmigración "norteña" (salteña, jujeña, peruana y boliviana) llegada a la ciudad de Córdoba durante las últimas décadas. Sus casas –algunas de material y otras de chapa– se habían ido extendiendo a lo largo de un tramo de vía férrea en desuso. A uno y otro lado de la vía, luego de la línea de casas, se extendían pastizales y baldíos. Como tantos otros asentamientos irregulares de la ciudad, Los Álamos era un lugar con graves problemas de infraestructura urbana, como falta de tendido eléctrico y de redes cloacales, junto a recurrentes problemas de inundaciones y plagas debido tanto a los pastizales como a la cercanía de un basural clandestino. La mayoría de sus habitantes poseían empleos precarios vinculados al rubro de la construcción en el caso de los varones y a las tareas domésticas en casas de familia en el caso de las mujeres, aunque también muchas de ellas se abocaban al trabajo doméstico en sus propios hogares.

En febrero de 2007 los militantes comenzaron a acercarse a este asentamiento intentando ganar referencia entre sus habitantes. Según relataban, una de las primeras cosas que realizaron siguiendo este objetivo fue una "*olla popular*" en la casa de una de las vecinas. Allí se reunían algunas personas que se acercaban a comer, con las cuales los militantes conversaban de modo de conocer a los habitantes del lugar y volverse, a la vez, conocidos para ellos. Las jornadas, que se extendían por largas horas, podían culminar recién luego de la cena compartida. Cocinar y comer con los vecinos era habitual para la pareja de militantes y para sus pequeños hijos.

Fue también por la misma época que nuevos activistas comenzaron a acercarse al Movimiento: se trataba de jóvenes estudiantes secundarios o universitarios que, aunque no vivían ni en Villa Los Álamos ni en los barrios próximos, estaban deseosos de hacer "trabajo barrial" en las zonas más desfavorecidas de la ciudad. A partir del ingreso de esta camada de nuevos activistas comenzó a consolidarse –junto a la olla popular y como una actividad de importancia de la organización en el barrio– un espacio de *apoyo escolar* para los niños de Villa Los Álamos.

Sin embargo, aunque esta actividad era rememorada por Eugenia como una acción que permitía mayor inserción en el lugar, consolidaba una imagen del Movimiento con la que la pareja no terminaba de sentirse cómoda:

> *Y ahí en Villa Los Álamos se arma lo del apoyo escolar (...) empezó a pasar que cuando llegábamos al barrio las madres nos veían y empezaban: "ah! Ahí vienen los chicos del apoyo escolar" (...) pero ¡no! Nosotros con Gastón nunca habíamos dicho que éramos eso solamente.* (Eugenia, entrevista 15/09/2010).

¿Cuál era el origen de esa incomodidad que la militante decía que ella y su pareja habían sentido al ser reconocidos en el barrio como "*los chicos del apoyo escolar*"? ¿Con qué otras identidades entraba en contradicción ser "*solamente eso*"? Si interpretamos las nuevas incorporaciones del Movimiento (y las actividades educativas como el apoyo escolar, desarrolladas a partir de las mismas) al calor de la orientación multisectorial que hemos descripto en el apartado anterior y mediante la cual se constituyó el Frente, vemos que la tensión a la que se refería Eugenia –entre ser "*solo eso*" y ser algo más– era la tensión existente entre dos tipos de actividades diferenciadas.

Las sugerencias efectuadas por un integrante del sector territorial del Frente de paso por la ciudad de Córdoba ayudan a ejemplificar la distinción entre esas dos identidades que entran en tensión con el desarrollo de las actividades educativas en el seno de organizaciones territoriales:

> *(...) viene Mario* [referente del sector territorial del Frente en Buenos Aires] *a Córdoba (...) entonces aprovechamos para hablar (...) él planteaba que no nos podíamos quedar solamente con el apoyo escolar (...) que la gente nos iba a ver como algo de afuera (...) que nosotros estábamos en condiciones de armar un movimiento con otra mentalidad, no como agente externo que va al barrio (...).* (Eugenia, entrevista 10/05/2010).

Vemos cómo el apoyo escolar iba siendo significado –tanto por Gastón y Eugenia como por su "compañero de Buenos Aires" vinculado con las actividades territoriales del Frente– como un tipo de práctica política que establecía una separación entre *militantes*, por un lado, y *habitantes de la villa*, por otro, quienes podían ver a los primeros como *agente externo que va al barrio* a dar algo. Si bien esto no significaba suspender las actividades como el apoyo escolar –que podían ser realizados por los estudiantes universitarios y secundarios– podía contradecir el tipo de involucramiento político de activistas que, como Gastón y Eugenia, estaban buscando forjar su referencia territorial en Villa Los Álamos en función de una cotidianeidad compartida entre activistas y vecinos, y de una cierta mimetización entre las condiciones de vida de los primeros y los segundos.

Si bien en un principio me costó advertir en qué sentido las *actividades educativas* no eran *territoriales* –o viceversa– con el tiempo fui entendiendo las particularidades que distinguían a cada conjunto. Aunque los dos tipos de actividades se desarrollaban en barrios aledaños de la zona sud-este de la ciudad, las actividades educativas se destinaban o bien a los niños y niñas de los barrios (por ejemplo el apoyo escolar realizado en esos inicios del Movimiento) o bien (como sucedería después con el Bachillerato Popular) a jóvenes y adultos que vivían en la zona de calles pavimentadas y casas de material, que podían llegar a tener trabajos formales y/o un recorrido de varios años por el sistema educativo y que no eran, en general, personas que hubieran participado previamente de actividades del Movimiento.

Las actividades territoriales, por su parte, tenían por destinatario principal a los pobladores de los asentamientos irregulares o villas de emergencia de la zona sud-este. Eran actividades orientadas a organizar a los pobladores de esos lugares en torno a la obtención de planes de trabajo cooperativo (en comedores populares, fabricación de ladrillos o emprendimientos textiles), a demandar *bolsones* de alimentos, útiles escolares para niños y niñas o reclamar mejoras en la infraestructura y los servicios públicos de la zona (que eran, en general, defectuosos).

Ese límite en principio algo difuso entre actividades territoriales y educativas comenzó a volverse más nítido con la apertura del Bachillerato Popular en 2009 y, más adelante, con el desarrollo del espacio FinEs primaria. Ambas experiencias educativas tuvieron un lugar importante dentro de la vida de la organización e implicaron a muchos de sus integrantes: algunos de los nuevos activistas integrados en la última etapa al Movimiento (fundamentalmente Hugo y José, jóvenes estudiantes universitarios) participaron como profesores tanto en el Bachillerato Popular como en el espacio FinEs; Gastón participó durante un tiempo como profesor en el Bachillerato; Eugenia lo hizo como profesora tanto en el Bachillerato Popular como en el espacio FinEs. Sin embargo, la pareja fundadora siguió desarrollando también las actividades territoriales de la organización, actividades de las que participaban algunas personas que asimismo pasaron a tomar parte de las actividades educativas en calidad de estudiantes.

No obstante, y como vimos que ocurrió desde un principio con el desarrollo del apoyo escolar en Villa Los Álamos, la identidad política que aparecía asociada a las crecientes actividades educativas entraba en tensión con la identidad y el tipo de involucramiento forjado por Eugenia y Gastón al calor de las actividades territoriales. Retomando la formulación de Vázquez (2011) considero que esta tensión surgía a propósito de la confluencia de dos identidades políticas diferenciadas: *la del militante o la militante territorial* y aquella otra que llamaré, *la del activista o la activista educativa/o.*

Según la autora, esas identidades diferenciadas –que ella vincula a la existencia de generaciones militantes[11]– aparecen al interior de las organizaciones de desocupados (devenidas en territoriales) a propósito de las transformaciones que impactaron sobre estas a lo largo de la segunda mitad de la década de 2000 y que reseñé anteriormente. Fundamentalmente, esas generaciones diferenciadas[12] confluyen a propósito de las actividades educativas o culturales que comienzan a desarrollarse al interior de estas organizaciones.

Por un lado, Vázquez (2011) precisa que quienes han forjado su activismo político a partir de su involucramiento en las actividades territoriales (y/o habían participado previamente de las luchas piqueteras) desarrollan un activismo "de tiempo completo", que supone la convivencia espacial y temporal con los habitantes de los barrios pobres, y cierta mimetización con sus condiciones de vida. Este activismo es "poli-rubro" en tanto abarca una serie disímil de actividades: en una misma jornada se puede, por ejemplo, descargar el camión de alimentos, participar de una asamblea o acompañar a una vecina al dispensario del barrio para efectuar un reclamo. En virtud del tiempo dedicado a esta actividad, se trata de una generación que ha aplazado total o parcialmente sus proyectos formativos o laborales personales, los cuales podrían haber sido desarrollados en función de su origen de clase. Es decir, se trata de sujetos que provienen de sectores medios, lo cual les otorga un capital distinto al de los pobladores de los barrios con los que militan. En el marco de esta generación, la identidad del *militante* se superpone a la del *referente*: el sujeto es militante en tanto logra construirse como una referencia para los pobladores de los barrios, y en tanto conoce y experimenta –al menos en parte– sus condiciones de vida.

---

11 En su tesis, Vázquez identifica tres generaciones de militantes o activistas. No obstante, retomo a propósito de mi trabajo las características que ella le otorga a la primera y segunda generación como si se tratara de un mismo conjunto (que rotulo con el nombre de "activistas territoriales") para diferenciarlas de la tercera generación propuesta (que ella llama "activistas educativos y culturales", pero que yo asociaré fundamentalmente a los "activistas educativos").

12 Más allá de realizar esta diferenciación, Vázquez (2011) aclara que no entiende a las generaciones como conjuntos empíricos de militantes diferenciados etariamente puesto que, si se siguen los recorridos militantes de los sujetos, se puede reconocer pasajes, salidas y reconversiones en la medida en que se suceden las diferentes "generaciones". Me interesa particularmente esta relativización que Vázquez introduce a propósito de la categoría de "generaciones" ya que, en línea con mi propia perspectiva de análisis coincido en que se trata más bien de distintas identidades políticas asumidas por los y las militantes en función de los distintos momentos socio-históricos en los que despliegan su activismo (volveremos sobre esta cuestión a propósito de la militancia de Eugenia y Gastón en el capítulo IV).

Por otro lado, la autora propone que en el caso de quienes se involucran a partir de las actividades educativas, desarrollan un activismo de "tiempo parcial", que combina la militancia con otras actividades laborales y formativas, que utiliza los saberes y las credenciales obtenidas en esos trayectos laborales y educativos para retro-alimentar la participación en las actividades educativas (como profesores del Bachillerato, por ejemplo). La presencia en los barrios se encuentra más limitada en tanto estos activistas disponen de menos tiempo y viven en otro lugar y está, por lo tanto, más circunscripta a los horarios en los que desarrollan las actividades educativas o asisten a reuniones vinculadas a estas actividades. Los habitantes de los barrios, además, aparecen en el marco de las actividades más bien como destinatarios (como estudiantes o asistentes a un taller, por ejemplo) lo cual supone un reconocimiento del origen social diferenciado entre militantes y pobladores, ya que algunos dictan clases –en tanto poseen un saber– para otros.

Es importante señalar que si bien la distinción entre los dos tipos de generaciones militantes o identidades políticas que confluían en la cotidianeidad del Movimiento y a propósito del inicio de las actividades educativas tiene algo de conceptualización propia –o, mejor dicho, retomada de Vázquez (2011)– también reconoce un uso nativo de algunas de estas categorías. Todos aquellos activistas que participaban como profesores del Bachillerato y del FinEs sin ser parte del Movimiento, reconocían a todos los integrantes del Movimiento como *militantes* pero distinguían a Eugenia y a Gastón como *militantes territoriales*, inclusive cuando estos dos desarrollaron una participación como educadores del Bachillerato y, en el caso de Eugenia, también del plan FinEs. Todos los integrantes del Movimiento, por su parte, nombraban a los/as activistas educativos/as externos/as a la organización como *profes*, y más allá de que en otros ámbitos los/las reconocieran como militantes (fundamentalmente, como militantes estudiantiles universitarios/as).

En un volante lanzado por los integrantes del Movimiento para convocar a quienes se quisieran sumar como educadores o educadoras al Bachillerato Popular se ponían de manifiesto las características identitarias de los activistas educativos. Si bien en el volante se aludía al proyecto político del Movimiento y se vinculaba al Bachillerato con la identidad territorial de la organización, se apelaba explícitamente a las identidades formativas y/o las credenciales educativas de quienes se fueran a sumar:

"Convocamos a **estudiantes secundarios, terciarios, universitarios, profesores/as** al Bachillerato Popular [nombre]. Desde el **Espacio de Educación** del Movimiento [nombre] en el Frente [nombre] queremos invitar a sumar voluntades para construir un proyecto educativo anclado en los barrios **en los que trabajamos territorialmente.** Formamos un espacio donde participamos aportando, desde la educación popular, al Cambio Social. Luchando y creando poder popular apostamos a una educación emancipadora, liberadora, crítica y activa (...)".

[Volante de convocatoria Bachillerato Popular, año 2010; las negritas son propias. Se omite la fotografía original del volante para preservar el nombre real del Movimiento, del Bachillerato y los datos de contacto]

Más allá de estas distinciones entre las identidades políticas de militantes y activistas que participaron en las experiencias educativas, todos ellos eran reconocidos por quienes participaban en tanto estudiantes del Bachillerato Popular o del espacio FinEs como *profesores*. No obstante, quienes participaban de las experiencias educativas como estudiantes y al mismo tiempo de las actividades territoriales del Movimiento podían reconocer a Gastón y a Eugenia como *referentes* en el ámbito territorial y aludir a ellos, al mismo tiempo, como *profesores* cuando se encontraban en el ámbito educativo.

Para complejizar aun más este panorama de adscripciones políticas que atravesaban la cotidianeidad de las experiencias educativas, algunas de estas personas que asistían en calidad de estudiantes podían ser ellas mismas reconocidas como *referentes territoriales* del Movimiento por parte de sus propios vecinos y de los demás referentes territoriales. O también podían ser personas que aludían a su participación en las actividades territoriales de la organización diciendo que estaban *con el Movimiento*, aunque nunca se hubieran auto-definido a sí mismas como *militantes* del mismo[13].

En el marco de la afluencia cada vez más numerosa de nuevas camadas de activistas educativos y de la multiplicación de categorías que distinguían y nombraban nuevas identidades y activismos políticos se fueron desarrollando y consolidando las actividades educativas. Poco a poco, y tal como sucedía a nivel nacional con el Frente (dividido en diversas áreas o sectores como "territorial", "género", "educación") también en el Movimiento se comenzó a hablar del sector territorial como una entidad separada del

13 Esta distinción semántica se puede asociar a la distinción efectuada por Quirós (2006) cuando, interesada en restituir las relaciones interpersonales en torno al movimiento *piquetero*, advierte: "*el rótulo piqueteros puede ser una clasificación que esencializa algo que el propio sujeto vive de modo relacional y contextual: para muchos, los piqueteros son otros* con los que uno está" (p. 88).

sector educativo. Esa distinción, sin embargo, nunca dejaría de engendrar tensiones que atravesaron la cotidianeidad de las experiencias educativas sobre las que profundizaré en los próximos capítulos.

V. Las experiencias educativas en el contexto del Movimiento: entre actuaciones estatales, desigualdad educativa y apuestas de construcción política

Tal como mencioné en la Introducción, existe un elemento común que suele reiterarse en numerosos trabajos sobre las experiencias educativas impulsadas por movimientos sociales: la operatoria analítica que explica el surgimiento de los proyectos educativos para jóvenes y adultos *en función de la ausencia de ofertas oficiales* para dicha modalidad. Se sostiene así que organizaciones y movimientos sociales que impulsan estas alternativas pedagógicas lo hacen como "respuesta" a una "necesidad educativa insatisfecha". La necesidad de jóvenes y adultos que, excluidos del sistema educativo regular, no encuentran instituciones donde terminar sus estudios secundarios o de encontrarlas son excluidos de las mismas porque estas no contemplan las particularidades de la vida del estudiante joven/adulto (como pueden ser sus obligaciones laborales, familiares, etc.).

Considero que a partir de lo desarrollado en los anteriores apartados de este capítulo he intentado echar luz sobre una serie de procesos que este tipo de explicaciones suelen "opacar". Me refiero al análisis de las transformaciones producidas en el "intrincado nudo de relaciones" (Crehan, 2004) entre sectores dominantes, sociedad civil y organizaciones sociales y que han impactado sobre las organizaciones sociales que –como el Frente en general y el Movimiento en particular– han comenzado a impulsar actividades culturales/educativas en los últimos años. Es por esto que, tal como sostiene Manzano (2004a), antes que referirnos a la ausencia o retirada del Estado puede resultar más productivo preguntarse por los modos en que el Estado redefine históricamente sus formas de intervención social en función de contextos históricos y correlaciones de fuerza específicas.

Anteriormente, describí algunas actuaciones estatales en relación a las organizaciones sociales y a las políticas de asistencia social. La variación histórica de esas actuaciones nos permitirá más adelante comprender en parte los saberes cotidianos apropiados por los militantes a propósito de las actividades territoriales del Movimiento. Pero ahora quiero detenerme en algunas de las características que asumieron las intervenciones estatales de la última década en materia de educación para jóvenes y adultos. No obstante, la referencia a ellas no se agotará en este capítulo y a propósito de la mención de las normativas educativas existentes, si no que volveré más adelante a dar cuenta de ellas a propósito del análisis de la cotidianeidad de los procesos políticos y educativos aquí estudiados.

Para comprender mejor el campo de las actuaciones estatales en materia de educación de jóvenes y adultos durante los años en que se realizó la investigación es necesario remontarse brevemente a la configuración que adoptó esta modalidad educativa en la década de 1990, momento de quiebre e importancia para todos los niveles educativos de nuestro país. Durante esta década se produjo la reforma educativa neoliberal desarrollada a partir de un marco normativo básico: la Ley de Transferencia de Servicios Educativos a las Provincias (promulgada en 1991 e implementada en 1992); la Ley Federal de Educación aprobada en 1993, que modificó la estructura del Sistema Educativo Nacional aumentando los años de escolaridad obligatoria y planteando tres ciclos de Educación General Básica (EGB) de tres años de duración cada uno; y el Pacto Federal Educativo (1993). Es preciso señalar también que la implementación de la Ley Federal comenzó con tres acciones prioritarias: el diseño de los Contenidos Básicos Comunes, el Plan Social Educativo y la creación de la Red Federal de Formación Docente Continua (Carranza, 2000).

Este marco normativo procura explicaciones para comprender lo que sucedió en el campo de la educación de jóvenes y adultos (EDJA) en la década de 1990 y hasta mediados de 2000. En primer lugar, como consecuencia de la Ley de Transferencia de servicios (1992) se cerró la Dirección Nacional de Educación del Adulto (DINEA), organismo centralizado que proporcionaba orientaciones comunes y unicidad en los lineamientos para la modalidad. En el caso de la provincia de Córdoba la Dirección provincial homónima se cerró en el año 1995, lo que produjo la dispersión de los centros educativos. En segundo lugar, a partir de la Ley Federal de Educación (1993), la educación de jóvenes y adultos pasó a formar parte de los Regímenes Especiales, junto con Educación Artística y Educación Especial.

La adscripción de la EDJA como régimen especial se justificó en tanto ésta era concebida como un "*conjunto de oferta educativa que demanda adaptaciones al sistema educativo regular*"[14]. Años más tarde, en 1999, el Consejo Federal de Educación firmaba el Acuerdo Marco A 21 donde se ampliaba la definición de Regímenes Especiales. Además, se consideraban las categorías centrales de la transformación educativa para el sistema educativo regular y se lo trasladaba a la educación de jóvenes y adultos sin reconocer su propia historia ni sus particularidades[15].

---

14 Para profundizar en estas cuestiones puede consultarse Lorenzatti (1993).

15 Este proceso fue denominado por Lorenzatti (2007) como de *homologación normativa* dado que propiciaba un traslado mecánico de los principios y lineamientos de las regulaciones del resto del sistema educativo a la educación de jóvenes y adultos en relación a: los límites de edad para ingresar, la centralización de la organización curricular y la mirada que se realizaba de las instituciones educativas. En términos concretos, esto se expresó tanto en la descentralización de la gestión y administración de la educación como en la centralización del sistema por medio de los lineamientos curriculares a partir de los Contenidos Básicos Comunes.

Con la transferencia de los servicios educativos a las provincias fueron las jurisdicciones provinciales quienes tuvieron la potestad de legislar sobre esta modalidad. En el caso de Córdoba, en el año 1999 se abrió la Dirección de Regímenes Especiales en la cual se reunieron nuevamente todos los servicios educativos de nivel primario y medio de jóvenes y adultos. A partir de la nueva Ley Nacional de Educación sancionada en 2006 se redefinió a nivel normativo el lugar de la EDJA. La nueva ley, que deroga en términos generales el marco jurídico fundamental de las políticas educativas neoliberales, reconoce a este trayecto del sistema educativo como modalidad y no ya como un "régimen especial", aunque sin aclarar suficientemente el sentido de este nuevo encuadramiento.

Como señala Rodríguez (2008) la nueva Ley Nacional de Educación (LEN) define con mayor precisión los objetivos de la EDJA y avanza sobre las características de la oferta y de la estructura curricular, estableciendo certificaciones parciales y acreditaciones de saberes adquiridos a través de la experiencia laboral. Se enuncia también en favor de la participación de docentes y estudiantes en el desarrollo del proyecto educativo, así como de la vinculación con la comunidad local y con los sectores laborales o sociales de pertenencia de los educandos. Por último, avanza en el reconocimiento de la importancia del acceso social al conocimiento, así como del manejo de nuevas tecnologías.

Respecto de otros aspectos de la LEN para el sector de la EDJA se señala que a nivel de su implementación no produjo –al menos durante el período abarcado por esta investigación– grandes modificaciones (Rodríguez *et al.*, 2009; Sverdlick y Costas, 2008). Principalmente se señala como una limitación de importancia que no haya avanzado de manera tal de revertir la descentralización educativa instituyendo ámbitos de carácter federal que permitan poner en marcha políticas nacionales articuladas. No obstante, desde la reapertura de la Dirección Nacional de Educación de Jóvenes y Adultos funciona –aunque con carácter no vinculante– la Mesa Federal de Educación de Jóvenes y Adultos, con la participación de referentes ministeriales de todas las provincias del país.

En este ámbito se negocian y definen propuestas que luego se refrendan en el seno del Consejo Federal de Educación. Tal es el caso de la Resolución 118/2010 y sus dos documentos anexos: por un lado, el documento "Educación Permanente de Jóvenes y Adultos – Documento Base", el cual establece criterios para la integración de la modalidad en el Sistema Educativo, señalando los aspectos y características más relevantes que hacen a la especificidad de la misma y que sirve de fundamento para las transformaciones que se requieren; por el otro, el documento "Lineamientos Curriculares para la Educación Permanente de Jóvenes y Adultos", que aborda aspectos a ser incorporados en la elaboración y/o revisión de los diseños curriculares en las jurisdicciones (Arrieta, 2013).

Otro avance en materia de políticas específicas es el relativo a la formación docente, ya que, a nivel nacional, el Instituto Nacional de Formación Docente (INFOD) introduce a partir del año 2008 la posibilidad de que en los Institutos de Formación Docente se dicten seminarios específicos para la modalidad. Sin embargo, la decisión de incluir este trayecto en la formación docente quedó librada a decisiones jurisdiccionales y de cada instituto en particular.

A nivel de lo acontecido en la provincia de Córdoba durante los años en que se realizó la investigación se pueden resaltar algunos hechos relevantes para el sector que sin duda están emparentados con las modificaciones introducidas a nivel nacional. Estos son: la creación en el año 2008 de la Dirección de Educación de Jóvenes y Adultos (dependiente de la Secretaría de Educación del Ministerio de Educación de la provincia) y la implementación del nuevo diseño curricular para el Profesorado de educación primaria. Además, durante el año 2009 se implementaron políticas vinculadas a la estabilización de la situación laboral de los trabajadores de la educación de la modalidad. Sin embargo, como ya fue dicho, estos avances fueron limitados por quedar sujetos a las decisiones jurisdiccionales y de cada institución que los implementan lo que llevó, en muchos casos, a la suspensión de los seminarios formativos específicos de EDJA para la formación docente.

Por último, una de las particularidades de este período que interesa a nivel de las prácticas educativas de los movimientos sociales es la de la inclusión en la nueva Ley de Educación Nacional de la figura de escuelas de "Gestión Social". Esta figura reconoce un tipo de gestión educativa diferente a la gestión pública –la escuela estatal– y a la gestión privada –escuelas creadas con fines lucrativos o confesionales, tal como puede leerse en el artículo 14 de la LEN–:

> *El Sistema Educativo Nacional es el conjunto organizado de servicios y acciones educativas reguladas por el Estado que posibilitan el ejercicio del derecho a la educación. Lo integran los servicios educativos de gestión estatal y privada, gestión cooperativa y gestión social, de todas las jurisdicciones del país, que abarcan los distintos niveles, ciclos y modalidades de la educación.*

A pesar de mencionarse en este artículo el reconocimiento de servicios educativos "de gestión social" Sverdlick y Costas (2008) sostienen que existen en la propia letra de la normativa ciertas ambigüedades en relación a esta figura. Una de ellas es que en el artículo exactamente anterior al recién citado, los establecimientos educativos de gestión social parecieran quedar subsumidos bajo el ámbito de la gestión privada:

> *(...) aunque no del todo claro, el Art. 13 enmarca a la Gestión Social dentro de la Gestión Privada cuando menciona: "El Estado Nacional, las Provincias y la Ciudad Autónoma de Buenos Aires reconocen, autorizan y supervisan el funcionamiento de instituciones educativas de ges-*

tión privada, confesionales o no confesionales, de gestión cooperativa y de gestión social". (Sverdlick y Costas, 2008, p. 18).

A pesar de estas ambigüedades y de la carencia de mayores precisiones en el texto de la normativa sobre las implicancias y características de las instituciones educativas de gestión social, la mera existencia de esta figura en la LEN llevó a que muchos de los colectivos y organizaciones que sostenían experiencias educativas –particularmente quienes habían creado Bachilleratos Populares– buscaran que las mismas fueran encuadradas bajo esta figura. Aunque este pedido no prosperó más que excepcionalmente –tal como relevan García (2011b) y GEMSEP (2015)[16]– es importante señalar que la inclusión de esta figura educativa en la principal normativa educativa argentina es importante porque empalma con toda una discursiva estatal propia de ese momento: una discursiva que reconoce el trabajo de las organizaciones sociales/barriales/territoriales en general y de las iniciativas educativas de estas en particular.

Esta discursiva se inscribe a nivel continental en el ciclo de ascenso de gobiernos definidos como "progresistas" o "populares" y, particularmente en nuestro país, con tres mandatos consecutivos de gobiernos kirchneristas. Estos reivindicaron –con diversos matices a lo largo de los 12 años consecutivos de gobierno– los procesos políticos transformadores de la década de 1970, entre los que se contaron no pocas experiencias educativas con sectores populares, tal como mencioné en la Introducción. Además, y como ya fue mencionado, fueron gobiernos que desde sus inicios incorporaron en sus propias filas a algunas organizaciones provenientes del movimiento "piquetero" y con una larga tradición de trabajo barrial o territorial con sectores populares.

Si bien esa discursiva es apenas esbozada en el reconocimiento normativo de las escuelas de gestión social en el marco de la LEN se encuentra mucho más explicitada a propósito de las dos acciones centrales que se llevaron a cabo en materia de EDJA por parte del Ministerio de Educación de la Nación en el período 2003-2015: el Plan de Educación FinEs (tanto Primaria como Secundaria) y el Plan Nacional de Alfabetización y Edu-

16 Según García (2011b) la Resolución nº33 del Consejo Federal de Educación (del año 2007) da cuenta de esa imposibilidad al constatar que, tanto en las provincias de Río Negro y de Buenos Aires como en la Ciudad Autónoma de Buenos Aires, las iniciativas educativas que han demandado ser inscriptas como escuelas de gestión social terminaron finalmente siendo inscriptas como dependientes del área de Gestión Privada. Por su parte, el Relevamiento de GEMSEP (2015) indica que del total de BP reconocidos por el Estado solo uno de ellos fue reconocido como escuela de Gestión Social, mientras que el resto fue encuadrado en diferentes figuras educativas: como Unidades de Gestión Educativa Experimental en la Ciudad Autónoma de Buenos Aires; como "extensiones" de Centros Educativos de Nivel Secundario; como espacios enmarcados dentro del Plan de Finalización de Estudios Secundarios (FinEs Secundaria) dependiente del Ministerio de Educación de la Nación.

cación Básica "Encuentro"[17], diseñados por el Ministerio de Educación Nacional y puestos en marcha a partir de convenios con los Ministerios de Educación de cada provincia.

La apelación al compromiso con lo popular y al reconocimiento de las organizaciones sociales como sujetos colectivos activos en la implementación de estas políticas educativas es reconocida también por otras autoras (Pontual, 2008; Finnegan, 2009; Arrieta y Montenegro, 2012) y puede encontrarse, por ejemplo, en los materiales oficiales destinados a futuros alfabetizadores del plan Encuentro

> *(...) el programa Encuentro nace en el marco de un acuerdo entre el Gobierno Nacional y las organizaciones sociales comprometidas con el campo nacional y popular. La decisión política del Gobierno fue confiar en que la mejor manera de desarrollar el Programa es a partir de la acción conjunta con los actores sociales que hace años están al frente del trabajo barrial y protagonizan la transformación social de nuestro país.* (Programa Nacional de Alfabetización Encuentro, Materiales de apoyo para alfabetizadores, p. 27).

En esta línea interpreto también el hecho de que el plan FinEs sea un plan diseñado para desarrollarse tanto por instituciones educativas oficiales (regulares o de jóvenes y adultos) como por organizaciones de la sociedad civil que pasan a ser consideradas entidades "conveniantes". Según se mencionaba en el sitio oficial del Plan (consultado en el año 2013) entre esas entidades se contaban cerca de 50 sindicatos, en su mayoría de trabajadores no docentes de las universidades nacionales pero también de gremios como el del Personal de Dragado y Balizamiento, la Unión del Personal Civil del Hospital Posadas o la Secretaría de Políticas Educativas de la Confederación General del Trabajo, entre otros. También se mencionaba en este sitio web a "organizaciones sociales de diverso tipo", aunque sin especificar de cuáles se trataba.

Por un lado, es importante señalar que detrás de la retórica de actuación conjunta entre Estado y organizaciones civiles puede identificarse una línea de continuidad con las políticas estatales propias del período neoliberal: tanto en relación al intento por apoyar las políticas en las tradiciones organizativas de los sectores populares (Manzano, 2004b) como en relación a

17 Sostengo que se trata de las dos actuaciones estatales más importantes llevadas a cabo por el Ministerio de Educación Nacional en materia de EDJA ya que así se plantea en el "Informe nacional sobre el desarrollo del aprendizaje y la educación de adultos" redactado por el Ministerio de Educación Nacional. Se trató de un Informe realizado en el marco de las acciones preparatorias para la VI CONFINTEA o Conferencia Internacional de Educación de Adultos (Ministerio de Educación de la Nación, 2009).

la transferencia de responsabilidades estatales en materia educativa a la "comunidad" o a sus organizaciones[18].

Pero por otro lado, esta retórica oficial y las actuaciones estatales que vienen asociadas a ella configuran un escenario específico que no solo empalma –al menos en parte– con el discurso de las organizaciones sociales que se encuentran emprendiendo proyectos educativos sino que configura el escenario en que esos proyectos surgen y se desarrollan: en ese escenario estas actuaciones representan formas particulares de *presencia* estatal –antes que de ausencia–. Formas con las cuales interactúan cotidianamente las experiencias educativas de los movimientos sociales, incluso aquellas impulsadas por movimientos y organizaciones sociales opositores tanto de los gobiernos nacionales y/o de los gobiernos provinciales o bien de ambos, tal como fue el caso del Movimiento.

Por último, hay que mencionar que las actuaciones estatales como el Plan FinEs se inscriben también dentro de la batería de políticas educativas tendientes al cumplimiento de la extensión de la obligatoriedad escolar (hasta la finalización del nivel medio) prevista por la LEN. En este sentido, el FinEs fue diseñado a partir de dos etapas de implementación: por un lado, la fase conocida como "FinEs Deudores" y, por el otro, la conocida como "FinEs Trayecto"[19]. La primera de ellas, iniciada en 2008, estuvo dirigida a los jóvenes y adultos mayores de 18 años que adeudaran materias del secundario. La segunda –puesta en marcha a partir del año 2010– incluyó a jóvenes y adultos mayores de 18 años que no hubieran iniciado o completado su educación secundaria (FinEs Trayecto Secundaria) o no hubieran terminado su escolaridad primaria (FinEs Primaria).

En ese marco, la aparición de actividades educativas en el seno de movimientos sociales o territoriales –particularmente de aquellos provenientes del campo "piquetero"– es, antes que una unívoca respuesta a una

18 Un análisis interesante en este sentido es el realizado por Cerletti a propósito del Programa Integral para la Igualdad Educativa, lanzado también durante el período analizado. Respecto de este programa, la autora propone: "[en los documentos oficiales] *aparecen palabras 'fuertes' que habían dejado de ser usadas, prácticamente, en las administraciones anteriores (del presidente Menem o del presidente De La Rúa): se habla de 'justicia social', de 'igualdad', de 'responsabilidades públicas', que remiten a otros modelos político-económicos (de 'derechos sociales'). Pero los contenidos concretos y los significados específicos que asumen en las formas de aplicación del programa, siguen siendo prácticas que apuntan a la 'equidad', son focalizadas (con todo lo que ello implica), donde la carga principal pasa por la escuela (por los maestros y directivos, según se retomará más adelante), compartida con su supuesta 'comunidad'. En pocas palabras, a partir de una retórica de la igualdad y de reivindicación de derechos sociales –en particular a la educación–, se generan prácticas que continúan fuertemente las políticas de corte neoliberal*" (2008, p. 20).

19 Estos términos ("trayecto" y "deudores") fueron utilizados en ocasión de entrevista por el funcionario de la Dirección General de Educación de Adultos que tiene a su cargo el desarrollo e implementación del Plan FinEs en la provincia de Córdoba (Funcionario de la Dirección General de Enseñanza de Adultos de Córdoba, entrevista 24/10/2012).

ausencia estatal, toda una marca de época en los procesos de construcción política de estas organizaciones, sea cual sea su distancia política respecto de los partidos gobernantes.

Durante este período, la vinculación estrecha entre Estado y organizaciones sociales en torno a la implementación de estos planes educativos se ponía de manifiesto en las experiencias cotidianas de los militantes del Movimiento al entrar en contacto con funcionarios y espacios burocráticos vinculados al desarrollo de estos programas:

> *Fui a la dirección* [de educación de Jóvenes y Adultos] *y me sorprendí de la cantidad de gente joven que estaba deambulando por los pasillos (...) esperando para anotarse en el Encuentro, para anotarse en el FinEs (...) todos se decían "compañeros", "compañeras" (...) y a mí también me decían "acá está la compañera" (...) "atendela a la compañera" (...) claro, ¡ahora resulta que somos todos compañeros! ¡Y si me pusiera la vincha de Cristina*[20] *me dan todo lo que les pido!* [risas] *(...) es re evidente que* [los funcionarios] *están contentos con la cantidad de militantes que se quieren sumar a los planes* [educativos] *(...) es que, en este momento* [silencio] *(...) yo creo que ellos evaluaron lo mismo que nosotros (...) que hay mucha gente que quiere ir a un barrio a hacer una tarea educativa.* (Eugenia, entrevista 14/04/2011).

La "confusión" que describe Eugenia expone cómo tanto los funcionarios gubernamentales y los militantes de organizaciones oficialistas como quienes integran las organizaciones opositoras (entre las que se cuenta el Movimiento) significan estos planes educativos en su estrecha vinculación con la posibilidad de construcción política en los barrios. Es decir, en relación con sus proyectos de militancia política: de allí que unos lleguen a confundir en los pasillos ministeriales como compañeros a aquellos que no lo son (en tanto no comparten un espacio político común). Al mismo tiempo, tanto unos como otros parten de una lectura común de la coyuntura política: hay mucha gente joven que "*quiere ir a un barrio a hacer una tarea educativa*" y todos –sean del signo político que sean– buscan articular esfuerzos con esas nuevas camadas de activistas.

Es en función de lo expuesto hasta aquí que sostengo que las transformaciones normativas o los programas educativos como el FinEs (Primaria o Secundaria) o el Programa Encuentro no pueden ser desconocidos como formas de intervención estatal educativa que –acordemos o no con sus características de implementación– están presentes en la cotidianeidad de

---

20 El término *vincha* alude a una cinta que se utiliza para sujetar el cabello pero, en Argentina, refiere también a una cinta que atraviesa la frente y se ata detrás de la cabeza y en la que se ostenta –con los fines de expresar adhesión– el nombre de un club de fútbol, de una banda musical o de un político, entre otras posibilidades. Ponerse *la vincha de Cristina* sería equivalente a exhibir públicamente la adhesión a la gestión de la entonces presidenta Cristina Fernández de Kirchner.

las organizaciones y movimientos sociales. No obstante, reconocer esas formas particulares de presencia estatal no significa desconocer los niveles de exclusión y marginación que pueden experimentar diversos sectores de la población en relación al sistema educativo oficial y, particularmente, los jóvenes y adultos que no han finalizado su educación primaria o secundaria.

Por caso, en la provincia de Córdoba, de una población total de 2.494.317 cordobeses/as pertenecientes a la franja etaria de más de 15 años de edad, son 251.528 los que no finalizaron sus estudios de nivel primario (Censo Nacional de Población, Hogares y Viviendas del año 2010). Mientras tanto, de un total de 2.212.959 personas pertenecientes a la franja etaria de 19 años o más, son 325.099 los individuos que poseen incompleta su educación secundaria. Cabe aclarar además que de estos cálculos se encuentran excluidas aquellas personas que nunca asistieron a un establecimiento educativo[21].

En cuanto a la existencia de Centros Educativos para jóvenes y adultos (tanto de nivel primario como secundario) los datos oficiales de la ya mencionada Dirección indican que se cuentan 119 de estas instituciones en la ciudad de Córdoba (incluyendo en esta cifra tanto aquellos centros madres como anexos)[22]. Siguiendo estos mismos datos, es posible identificar cuáles y cuántos de estos centros educativos se encuentran ubicados en el radio de acción de los barrios Olimpia y Concepción, lugares donde se desarrollaron las experiencias educativas del Bachillerato Popular y del espacio FinEs primaria. El análisis arroja que al menos en esta área, las instituciones educativas para jóvenes y adultos son dos: una de ellas se encuentra a unas 30 cuadras del sitio puntual donde funcionó el Bachillerato Popular (en dirección hacia el centro de la ciudad) y otra a unas 25 cuadras (en dirección hacia el límite sur-sur del ejido urbano).

Esta situación en la que predomina la ausencia de instituciones educativas estatales para jóvenes y adultos en la zona era reconocida por una funcionaria de la Dirección General de EDJA del Ministerio de Educación provincial. En una oportunidad en que acompañé a Eugenia a una reunión con ella (reunión pautada para intentar avanzar en la "oficialización" del Bachillerato Popular) la mujer admitió que la zona sud-este de la ciudad era "*una zona educativa abandonada*" (Registro de Observación 05/04/2011).

---

21 Dentro de todos los datos arrojados por dicho Censo discriminamos la franja etaria "mayores de 15 años/mayores de 19 años" por considerarlos como el sector poblacional excedido en la edad para cursar estudios primarios y secundarios –respectivamente– en el sistema educativo regular. En relación a la demanda efectiva de educación de jóvenes y adultos, contamos con algunos datos brindados a la prensa por la autoridad máxima de la Dirección de Educación de Jóvenes y Adultos quien sostenía que –en el año 2010– existían 40.447 alumnos matriculados en institutos estatales para dicha modalidad, constituyendo los mismos la demanda efectiva de EDJA (*La Voz del Interior*, 2010).

22 Según datos del Ministerio de Educación de la Provincia de Córdoba, Dirección de Educación de Jóvenes y Adultos. Disponible en: www.cba.gov.ar/wp-content/4p96humuzp/.../edu_11052012_1_bb-14.x [Consultado el 20 de abril de 2014].

Esta realidad educativa también podía ser rastreada en los relatos de los estudiantes tanto del espacio FinEs como del Bachillerato Popular. Una de las estudiantes del FinEs comentaba, por ejemplo, que a pesar de haber retomado sus estudios en uno de los Centros Educativos de Nivel Primario para Adultos (CENPAs) más cercanos a Villa Los Álamos (lugar donde residía) había abandonado por la inseguridad que suponía llegar al mismo en los horarios nocturnos de cursada:

> *Intenté ir ahí a un CENPA que había acá, atrás de la villa de Sauzal (...) fui como ocho meses (...) después no (...) nos quisieron asaltar ahí en Sauzal (...) dejé porque me dio miedo.* (Luz, estudiante, entrevista 30/09/2010).

Los estudiantes del Bachillerato, por su parte, también daban cuenta en parte de esta situación socio-educativa. Durante una clase, conversando en grupo y frente a algunas preguntas que les realicé, había quienes comentaban que preferían esta escuela "*porque queda más cerca de otras*". Aludían además a particularidades administrativas/burocráticas que resultaban más sencillas de sortear aquí que en una escuela oficial:

> *(...) porque como ya era abril en un CENMA* [Centro Educativo de Nivel Medio de Adultos] *no me recibían, pero acá sí.*
>
> *(...) debo una materia de tercer año (...) en el CENMA tenía que tener todas las materias completas, pero acá me aceptaron.* (Registro de Observación, clase de Matemática 5/05/2010).

Esta realidad en la que se podían rastrear necesidades educativas insatisfechas era puesta de relieve de manera constante por los integrantes del Movimiento (a partir de nociones como "necesidad" y "ausencia del Estado") a la hora de demandar al Ministerio de Educación recursos materiales (como útiles escolares o mobiliario) o simbólicos (como la oficialización del Bachillerato, por ejemplo) para llevar adelante estas experiencias. En este sentido, en una carta enviada a un funcionario del Ministerio de Educación provincial se señalaba:

> *Nos dirigimos a usted (...) para dar curso a la oficialización del Bachillerato Popular que abrió sus puertas a la comunidad de Barrio* [Olimpia] *en el mes de mayo de este año (...). En este barrio no hay escuela secundaria de adultos, las posibilidades económicas de la población no solo de esta comunidad sino de los barrios colindantes no alcanzan para cubrir los gastos de transporte y gastos del cursado de un CENMA, el más cercano está a más de 30 cuadras, y según el relevamiento que hemos hecho, la mayoría de la población ha abandonado el mismo o no ha podido cursar el secundario de adultos, SABIENDO QUE MÁS DEL 40 POR CIENTO DE LA POBLACIÓN ADULTA DEL PAÍS NO CURSA NI TERMINA SUS ESTUDIOS SECUNDARIOS (...).* [Los Bachillera-

> tos Populares son] *un proyecto validado por las mismas condiciones en las que surgen, dando herramientas concretas a las personas que desean continuar sus estudios, contemplando la realidad social de sus estudiantes.* (Carta ante funcionario del Ministerio de Educación provincial, octubre de 2009, mayúsculas en el original).

No obstante, quiero volver a enfatizar en que este paisaje educativo no había sido exclusivamente por sí mismo el puntapié inicial del abocamiento de la organización a la construcción de este tipo de experiencias educativas. Al analizar con detenimiento los relatos de los militantes en torno a los procesos de apertura de las experiencias educativas de mayor envergadura pueden advertirse las distintas motivaciones implicadas en esos procesos. Esto se ponía de manifiesto por ejemplo cuando José, uno de los militantes del Movimiento, explicaba cómo se había decidido la apertura del Bachillerato Popular en el barrio Olimpia y no en otro lugar:

> *(...) había muchas más condiciones para que el Bachillerato funcione en Los Álamos y no en Olimpia, porque por el trabajo territorial de Eugenia y Gastón ya había mucha más referencia como Movimiento (...) el tema es que casi nadie tenía terminada la primaria (...) en cambio en Olimpia sí (...) por eso se analizó y se dijo "bueno, hay que ponerlo en esta zona que es una zona que el 80%, el 90% de la gente tiene los estudios primarios terminados".* (José, militante del Movimiento, entrevista 25/06/2012).

Si los integrantes del Movimiento "analizaron" en qué barrio sería más conveniente instalar el Bachillerato –optando por hacerlo en un sitio donde tenían poca referencia política pero donde existía una mayor cantidad de gente que tiene "terminada la primaria" y para la cual las escuelas de jóvenes y adultos "quedan lejos", "son difíciles" o no "reciben" a quienes se rezagaron en la inscripción– es porque persiguen hacer posible una modalidad de acción colectiva particular (el desarrollo de actividades educativas) en el marco de una coyuntura política particular para organizaciones como el Movimiento: coyuntura donde las organizaciones redefinen sus horizontes de actuación política. Al mismo tiempo, esa modalidad de acción colectiva y esa coyuntura política confluyen con una situación educativa particular en la que numerosos jóvenes y adultos (además de otros sectores de la población) continúan excluidos de la posibilidad de finalizar sus estudios de nivel primario o secundario, y en el marco de actuaciones estatales específicas, como el reconocimiento de una figura educativa (las escuelas de gestión social) o de planes educativos concretos (como el plan FinEs primaria o el Encuentro). Todas esas dimensiones correlacionadas son las que hacen aparecer en el "horizonte de los posibles" (Sigaud, 2004) de organizaciones como el Movimiento las distintas experiencias educativas sobre las que profundizaré en los siguientes capítulos.

CAPÍTULO II

El Bachillerato Popular. Educación popular, educación tradicional: tensiones en torno a lo político y lo educativo

I. Presentación

En este capítulo presento, en primer lugar, las características generales de funcionamiento del Bachillerato Popular así como del espacio físico y el entorno social en el cual esta experiencia se desarrolló. Reconstruyo luego algunas controversias entre quienes participaron como educadores del Bachillerato en torno a aspectos como el uso de los registros de asistencia estudiantil, las calificaciones numéricas o los contenidos curriculares. Después, a partir del análisis de una asamblea estudiantil, indago en algunos de los sentidos desde los cuales participaban de esta experiencia los y las estudiantes. Por último, presento los sentidos políticos heterogéneos forjados desde las distintas identidades políticas de las y los educadores (la de los militantes territoriales y la de los activistas educativos) a propósito de la demanda de oficialización del Bachillerato.

II. El Bachillerato Popular

El Bachillerato Popular funcionó –durante sus dos primeros años de existencia– en el edificio del Centro Vecinal de barrio Olimpia en la zona sud-este de la ciudad, a unos 4 kilómetros de la zona céntrica de la misma. Las calles del barrio estaban asfaltadas y las casas del lugar –construidas con antiguos planes de vivienda– eran todas de material y con jardines en los frentes. El resto de los barrios que co-lindaban con Olimpia[1] –sobre todo hacia el sud-este– eran lugares más pobres que aquel, con algunas calles de tierra o casas sin terminar. Los asentamientos irregulares más cercanos eran dos. Hacia el norte, una villa que se extendía todo a lo largo de la vía férrea sur y que era reconocida, fundamentalmente en los discursos

---

1 La ciudad de Córdoba –famosa por poseer uno de los ejidos urbanos más grandes del mundo– se encuentra sectorizada en 410 barrios. Si bien algunos de estos son extensos, la mayoría cuenta con algunas pocas manzanas de superficie.

mediáticos y de funcionarios políticos y policiales, como un lugar vinculado con operaciones de venta de droga al menudeo. Hacia el este –casi en el límite del ejido urbano– se encontraba Villa Los Álamos, lugar donde se había comenzado a desarrollar el "trabajo territorial" del Movimiento hacia mediados de la década de 2000.

El Centro Vecinal de barrio Olimpia había "prestado" sus instalaciones al Bachillerato luego de los pedidos efectuados por Gastón y Eugenia a sus autoridades. Se trataba de un gran galpón con techo de chapa que se encontraba ubicado en una esquina del barrio, a una cuadra de la plaza principal del mismo y que era reconocible por un gran letrero donde podía verse el logo del gobierno municipal. A lo largo del frente del edificio –pintado de blanco– se extendía un gran cantero con tierra seca y algo de pasto, junto a un mástil sin bandera alguna. Sobre la pequeña puerta metálica del Centro Vecinal había –el primer día que llegué al lugar– un pequeño afiche pegado. En el mismo se invitaba a personas interesadas en "*terminar de cursar el secundario*" para inscribirse como alumnos del Bachillerato. Se aclaraba en el escrito que la duración de los estudios era de tres años y se indicaba una fecha y un horario en el que se realizarían la presentación del "Proyecto" y las inscripciones de los estudiantes. El afiche era del mes de marzo, mientras que las clases se habían iniciado –ese primer año– en el mes de abril.

Además de estos afiches, se habían realizado una serie de *stenciles*[2] en paredes o muros y postes de la zona, informando a jóvenes y adultos que estaban abiertas las inscripciones a la nueva escuela. La llegada de estudiantes fue rápida: alrededor de 30 personas asistieron a clases durante el primer año de funcionamiento del Bachillerato, aunque más personas llegaron a inscribirse pero no asistieron nunca a clases o solo lo hicieron por el lapso de algunas pocas semanas.

Las clases se dictaban tres veces por semana, por el lapso de cuatro horas cada día y combinando dos materias diferentes por jornada. A manera de aula se utilizaba la cocina del Centro Vecinal, que contaba con dos pequeños pizarrones colgados en una de sus paredes y dos mesas grandes, en torno a las cuales se colocaban las sillas. Cuando los horarios de los dos cursos que funcionaban coincidían, uno de los dos armaba su "aula" en alguna zona del gran salón del edificio, el cual era también utilizado por las autoridades del Centro para realizar charlas o alquilado para fiestas de cumpleaños. Allí, estudiantes y educadores ubicaban una mesa de plástico y trasladaban, desde la cocina, las sillas para sentarse. Por este motivo se habían dispuesto en el salón dos pizarrones más, cerca de la zona donde se solían dictar las clases.

---

2 Vocablo inglés con el que se designa en Argentina la técnica de "estarcir" (estampar algo con la ayuda de una plantilla que presenta un diseño ya recortado).

Stencil de convocatoria para estudiantes sobre un poste de la luz en barrio Olimpia.

Los dos "cursos" que se habían conformado eran nombrados como "primero" y "segundo año", con aproximadamente una docena de estudiantes que participaban en cada uno de ellos. En el primer año se reunía a los estudiantes que no habían cursado más que hasta primer o segundo año de su escuela secundaria. En el segundo, en cambio, se había reunido a aquellos que hubieran cursado hasta tercer año de su escolaridad media. Algunos de los inscriptos en primer año, sin embargo, aunque habían cursado casi todo el secundario habían definido "*empezar todo de nuevo*" ya que decían no recordar nada de su paso por la escuela. Este era generalmente el caso de los estudiantes de mayor edad (entre los 40 y los 60 años).

La ubicación de los estudiantes en uno u otro de los años se decidía al momento de su "inscripción" en el Bachillerato. Aunque no había figuras administrativas ni jerárquicas oficialmente designadas, eran Eugenia y Gastón quienes realizaban estas inscripciones en su hogar, ubicado a dos cuadras del Centro Vecinal. Allí guardaban además "los papeles" de los estudiantes (fotocopia de DNI, certificado de escolaridad primaria completa), con la esperanza de "*presentarlos al Ministerio de Educación provincial*" cuando se consiguiera la oficialización del Bachillerato, según decían los militantes. Además, allí se recibía a cualquier hora del día a quien quisiera saber "*de qué se trataba el Bachillerato*", ya fueran futuros estudiantes o futuros educadores.

En relación a estos últimos, se trataba –en gran medida– de estudiantes universitarios que o bien se enteraban por terceros del funcionamiento de esta experiencia o bien habían sido invitados por los integrantes del Movimiento a participar de esta escuela secundaria para jóvenes y adultos "*con perspectiva de educación popular*", como señalaban los afiches y volantes de la convocatoria específica para educadores. Pero, además, gran parte de quienes se sumaban para dar clases eran también militantes de organizaciones estudiantiles universitarias que compartían o bien espacios de articulación política con el Movimiento a nivel local o bien espacios de articulación política a nivel nacional con el Frente de organizaciones al cual pertenecía el Movimiento. Una característica de los y las jóvenes que sin pertenecer al Movimiento participaron como educadores y educadoras del Bachillerato fue su gran rotación por la experiencia. Según mis cálculos, durante los tres años de existencia de esta experiencia educativa llegaron a participar en calidad de docentes alrededor de 50 personas externas al Movimiento. Esta rotación puede ser explicada en parte por el hecho de que no existía un vínculo laboral entre estas personas y el Bachillerato, pero también se asocia a la complejidad de esta experiencia y a los múltiples conflictos que la atravesaron y sobre los que volveré más adelante.

Entre los y las militantes del Movimiento que participaban en el Bachillerato como educadores se contaba a José, Hugo, Gastón y Eugenia. Aunque los cuatro eran militantes de la organización, los dos primeros se abocaban casi exclusivamente a las tareas educativas y era a propósito de ellas que se habían sumado al Movimiento. Gastón y Eugenia, por su parte, combinaban su participación como educadores en el Bachillerato con el sostenimiento de las actividades territoriales de la organización. Eugenia además, cumplía en el Bachillerato un rol administrativo importante: como mencioné anteriormente era ella quien, en su casa, recibía a los potenciales estudiantes del Bachillerato, los inscribía y era quien pedía, ordenaba y guardaba sus papeles. También, y como veremos más adelante, era junto a Gastón quien realizaba casi la totalidad de las tareas que se desprendían del proceso de demanda de la oficialización del Bachillerato ante el Ministerio de Educación provincial.

A nivel del funcionamiento "institucional" los militantes y los educadores buscaban recuperar modalidades diseñadas previamente por otros Bachilleratos Populares, particularmente de aquellos que habían sido impulsados por organizaciones pertenecientes al Frente en provincia y ciudad de Buenos Aires. Entre otras cuestiones, se buscaban instituir instancias asamblearias ("*asambleas docentes*", "*asambleas estudiantiles*", "*asambleas generales*" de estudiantes y docentes) para regular el funcionamiento colectivo y dirimir las cuestiones relativas a la vida del Bachillerato.

III. Registros de asistencia, calificaciones numéricas y propuestas educativas. Debates docentes sobre la especificidad política y educativa del Bachillerato

Un martes de junio de 2010 entré al edificio del Centro Vecinal de barrio Olimpia para observar la clase de "Lengua y literatura" que dictaba Hugo para el "primer año" del Bachillerato. Eugenia me había sugerido que fuera a observar esta clase porque, según decía, "*Hugo prepara todo con detalle, bien planificado (...)*". Hugo era integrante del Movimiento, licenciado en Ciencias de la Información y profesor tanto en el Bachillerato como en colegios secundarios e institutos terciarios de la ciudad. Si bien el horario de inicio de la clase era el de las 18 hs., ya desde las 17,45 todo estaba listo para comenzar. El docente había acomodado sillas plásticas alrededor del tablón del salón del Centro Vecinal y había colocado, sobre esta improvisada mesa, la serie de libros y fotocopias que pensaba utilizar durante la jornada. Junto a este cúmulo de papeles había puesto además una bandera *wiphala* prolijamente doblada, porque la clase del día sería sobre uno de los temas que más lo apasionaban: literatura latinoamericana indigenista.

Cuando comencé a charlar con Hugo en los minutos previos al inicio de la clase me contó que se había quedado trabajando hasta tarde la noche anterior, seleccionando textos y autores. "*Me costó un montón armar la clase, dormí poco, pero quedó bien (...) creo que les va a gustar*", me dijo: "*Además ya me quedó armada y después la voy a usar en el terciario*", agregó. Cuando se hicieron las 18 hs. llegaron juntos tres jóvenes estudiantes. Como todavía eran pocos, educador y estudiantes decidieron esperar un poco más. Media hora después y con solo dos estudiantes más la clase se inició.

Las características distintivas de los diferentes períodos y estilos de la literatura indigenista comenzaron a ser expuestas por Hugo utilizando como referencia poemas de Nicomedes Santa Cruz y Juan Gregorio Regino, entre otros. El tiempo iba pasando, el docente hablaba, repartía fotocopias, mostraba la *wiphala* y hacía preguntas sobre los temas desarrollados en clases anteriores y vinculados con el del día de la fecha. A intervalos irregulares mientras él hablaba habían ido llegando otros estudiantes, algunos con más de una hora de atraso. En total, al promediar la clase, los asistentes llegaron a ser ocho. Sentados alrededor de la mesa, había quienes respondían a las preguntas formuladas por Hugo y quienes se mantenían callados. Dos chicos, de tanto en tanto, dejaban de prestar atención y se pasaban el celular mostrándose fotos. Otra chica, por su parte, resolvía ejercicios para la clase de matemática de la hora siguiente.

Al acercarse el final de la clase, Hugo puso sobre la mesa varias hojas fotocopiadas con breves poemas de los autores que había ido nombrando y pidió que cada uno eligiera alguno. Todos lo hicieron, pero pocos se atrevieron con la consigna que seguía: leer en voz alta el poema elegido. Una chica se animó:

Árbol (...) libro verde, árbol poeta (...) quienquiera que pose en tus ramas se vuelve cantor (...) cuando nací me pusieron dos lágrimas en los ojos, para que pudiera ver el dolor de mi gente. (Registro de Observación Clase de Lengua, 02/06/2010).

No todos la escucharon con atención, pero otra estudiante dijo que le gustaba ese poema, que le parecía "*tierno*". Cuando la clase concluyó totalmente volví a conversar a solas con Hugo. Le dije que me habían gustado los textos y autores seleccionados. Él me contó que estaba contento porque había podido dar parte sustancial de lo planificado pero se sentía un tanto desanimado por la tardanza con que gran parte de los estudiantes habían llegado a la clase. Me dijo además que muchos de los inscriptos no estaban asistiendo con regularidad y que, según su opinión, el tema de la *asistencia* estudiantil era una de las mayores dificultades con que se enfrentaban los "profes" del Bachillerato.

Si bien ese fue mi primer acercamiento a la problemática de la asistencia/ausencia estudiantil a clases, los registros y materiales de campo construidos a propósito del Bachillerato volvían una y otra vez a ella. De hecho, la memoria de la primera asamblea general (convocada por los docentes, pero abierta a los estudiantes) aludía a esta cuestión:

En el Bachillerato es muy importante la presencia en las clases. Su modalidad es presencial (...). Cada materia tendrá su registro de asistencia. Si lxs estudiantes han tenido un problema personal, laboral, de salud, la idea es poder conversarlo con lxs profesores y demás estudiantes para ver cómo se puede recuperar la clase o resolver ese problema. (Memoria de Asamblea General, 30/05/2009. Uso de "x" en el original).

Estudiantes y docentes parecían estar definiendo aquí una característica del Bachillerato (la presencialidad como "modalidad" de estudio) asociada tanto a un dispositivo específico (el registro de asistencia) como a la posibilidad de negociar el incumplimiento de esta modalidad (por medio de la "conversación"). Parecía estarse recalcando de manera pública –en una asamblea– aquello sobre lo que los integrantes del Bachillerato acordaban en relación a la asistencia, ya que en esta memoria no se registraban discrepancias al respecto entre los presentes. Sin embargo, como nos recuerda Rockwell (2009), allí donde los documentos escolares señalan la necesidad de *normar un comportamiento común* es posible rastrear las prácticas "prohibidas" o heterogéneas que esta norma o acuerdo busca, justamente, normalizar.

Las siguientes memorias de asambleas, el registro de algunas conversaciones y las entrevistas en profundidad comenzaron a sugerirme que, en este Bachillerato, la controversia docente se estructuraba más que en las causas de las inasistencias estudiantiles, en torno a las formas de solucionar este "problema". En una escuela "*con perspectiva de educación popular (...)*" ¿los docentes debían obligar a los estudiantes a asistir a clase? ¿Debían dejarlos elegir cuándo venir y cuándo faltar? ¿O bien debían implementar diversas modalidades de cursado que se adaptaran a las distintas posibilidades de asistencia de los alumnos?

Los debates más explícitos en torno a esta cuestión se desataron a partir del receso invernal del primer año de funcionamiento del Bachillerato. Luego del mismo, fueron muchos los estudiantes que empezaron a asistir con mayor intermitencia a clase, algunos de los cuales podían ausentarse hasta por algunas semanas. Un grupo de profesores propuso entonces ofrecer a aquellos estudiantes que faltaban con regularidad que recuperaran clases a partir de un sistema de "tutorías" a realizarse los días sábados. Se proponía que estas tutorías se dirigieran a desarrollar los contenidos desatendidos por los estudiantes a causa de sus inasistencias. Además, algunos de estos profesores sostenían que las tutorías se podían realizar en sus domicilios particulares y no necesariamente en el Centro Vecinal donde funcionaba el Bachillerato Popular. Desde este tipo de propuestas, perdía también sentido el uso de registros de asistencia: lo central no era que el estudiante cumpliera con su obligación de asistir, sino ofrecerle posibilidades de recuperar sus clases en diversos momentos/espacios, hasta encontrar aquel que mejor se adaptara a sus deseos/necesidades.

A su vez, el rechazo a la utilización de registros se vinculaba a fundamentos como los de Maxi, educador del Bachillerato que no pertenecía al Movimiento y que si bien sostenía que el peor "enemigo" de sus clases era la inasistencia estudiantil consideraba que:

> *(...) uno tiene que ir a la escuela o a los ámbitos educativos cuando tiene ganas y no por obligación e incluso en las clases uno tiene que tener la libertad de irse si quiere (...) es una ficción pretender una asistencia semanal y regular al Bachillerato cuando cada uno tiene sus buenas razones para que no sea así.* (Maxi, educador, entrevista 07/02/2013).

Desde este tipo de posicionamientos parecía buscarse disociar la asistencia estudiantil de la *obligación* de asistir. Pero, además, si quienes asistían lo hacían porque querían y no porque estuvieran obligados de hacerlo, perdía sentido llevar un registro de asistencia para controlar que estas obligaciones fueran cumplidas. Quienes formaban parte del Movimiento, por su parte, eran quienes más abiertamente se resistían a este tipo de planteos. Había sido Eugenia quien había redactado la primera memoria de asamblea y quien buscaba enfatizar en la modalidad presencial del Bachillerato. Según planteaba en una entrevista:

> *(...) no veíamos bien que los estudiantes se juntaran en la casa de profesores que vivían en otro barrio* [a realizar tutorías] *(...) esto no era una cuestión doméstica de "vengan a mi casa, llamenmé por teléfono, vengan a tomar unos mates" (...) otra cosa que decíamos era "no pon-*

gamos énfasis en las tutorías porque van a dejar de venir a las clases" (...). (Eugenia, entrevista 15/10/2012).

Eugenia delimitaba de este modo aquello que entendía como una excesiva flexibilidad horaria, como una exagerada cantidad de oportunidades para recuperar clases (en días de fin de semana) o la confusión entre el ámbito educativo público (el Centro Vecinal) y el doméstico (las casas de los educadores en las que se *toma mate*). De hecho, había sido en el marco de estas consideraciones que la mujer había comprado un cuaderno impreso de "*Registro de Asistencia de alumnos*" de los utilizados en las escuelas oficiales, donde asentaba con una "P" y una "A" las presencias y ausencias en la materia que tenía a su cargo. La mujer iba volcando allí, además, el resto de las informaciones que eran requeridas en los casilleros pre-impresos del cuadernillo: cuántos días por mes se habían dictado clases, de cuántas horas reloj habían constado las mismas y cuántas faltas en total se habían contabilizado por estudiante. También se encargaba de rubricar los datos de cada mes con su firma personal, allí donde el cuaderno lo solicitaba.

Esta preocupación de Eugenia por registrar puntillosamente la asistencia estudiantil puede vincularse no solo con los sentidos que ella construía en relación a cuál debía ser la modalidad de cursado en el Bachillerato, sino también a que la mujer era maestra y a que, si bien vimos en el capítulo anterior que había suspendido su práctica profesional para abocarse a la militancia, había vuelto a ejercer paulatinamente como docente un tiempo antes que se abriera el Bachillerato. En este sentido, la práctica del registro de la asistencia estudiantil era una práctica habitual para ella. Pero por otro lado, y como veremos más adelante, ella se encargaba junto a Gastón de demandar la oficialización del Bachillerato ante el Ministerio de Educación provincial. Con ese cometido, asistía a las reuniones con funcionarios portando diversos papeles escritos y listados que dieran cuenta de una existencia real y sistemática de esta experiencia (¿una existencia "escolar"?) en vistas a lograr su oficialización. Los registros de asistencia expresaban, precisamente, que había en el Bachillerato una cantidad importante de estudiantes y que los mismos asistían a clases.

Más allá de los debates que circulaban entre las distintas generaciones o identidades militantes de profesores del Bachillerato a propósito del registro de la asistencia, los y las estudiantes (sobre todo aquellos y aquellas que más asistían a clase) no se mostraban disgustados con el registro de la asistencia. Pude observar cómo al inicio de las clases dictadas por Eugenia, cuando ella se disponía a registrar la asistencia siempre contaba con algún/alguna estudiante que le pedía que le dejara "*tomar lista*", pedido al que la mujer accedía con gusto. Durante una observación en otra asignatura, registré también que una estudiante demandaba explícitamente "mayor formalidad" en cuanto al control de la asistencia:

Estudiante **[dirigiéndose a la profesora]:** *Me parece que vas a tener que cambiar de materia (...) no viene nadie a ésta (...) para mí van a tener que empezar a tomar asistencia porque si nos tratan a todos igual, nadie va a hacer nada.* (Registro de Observación Clase Proyecto Comunitario, septiembre de 2009).

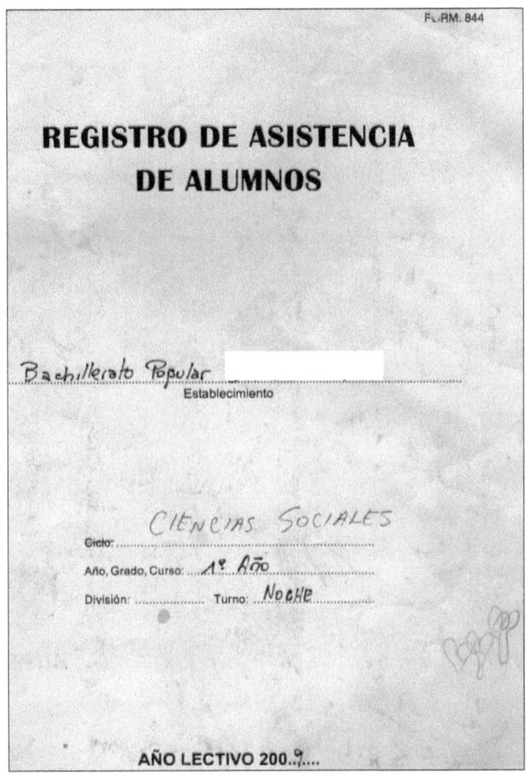

FORM. 844

REGISTRO DE ASISTENCIA DE ALUMNOS

Bachillerato Popular

Establecimiento

CIENCIAS SOCIALES

Ciclo:

Año, Grado, Curso: 1º Año

División: Turno: NOCHE

AÑO LECTIVO 200.9....

Tapa del registro de asistencia estudiantil llevado por Eugenia en las clases de Ciencias Sociales del Bachillerato.

Otro de los elementos que planteaban similares controversias al interior del plantel docente del Bachillerato eran las calificaciones numéricas. Si bien todos los docentes habían consensuado otorgar libretas[3] a los estudiantes, no todos acordaban con incluir calificaciones numéricas en las mismas. En una memoria docente redactada por dos educadores que no formaban parte del Movimiento se señalaba:

3 Con el término "libreta" se alude en Argentina a los boletines, cuadernos o libros pequeños en los cuales se escriben o imprimen las calificaciones cuantitativas y/o cualitativas de los y las estudiantes de una institución escolar.

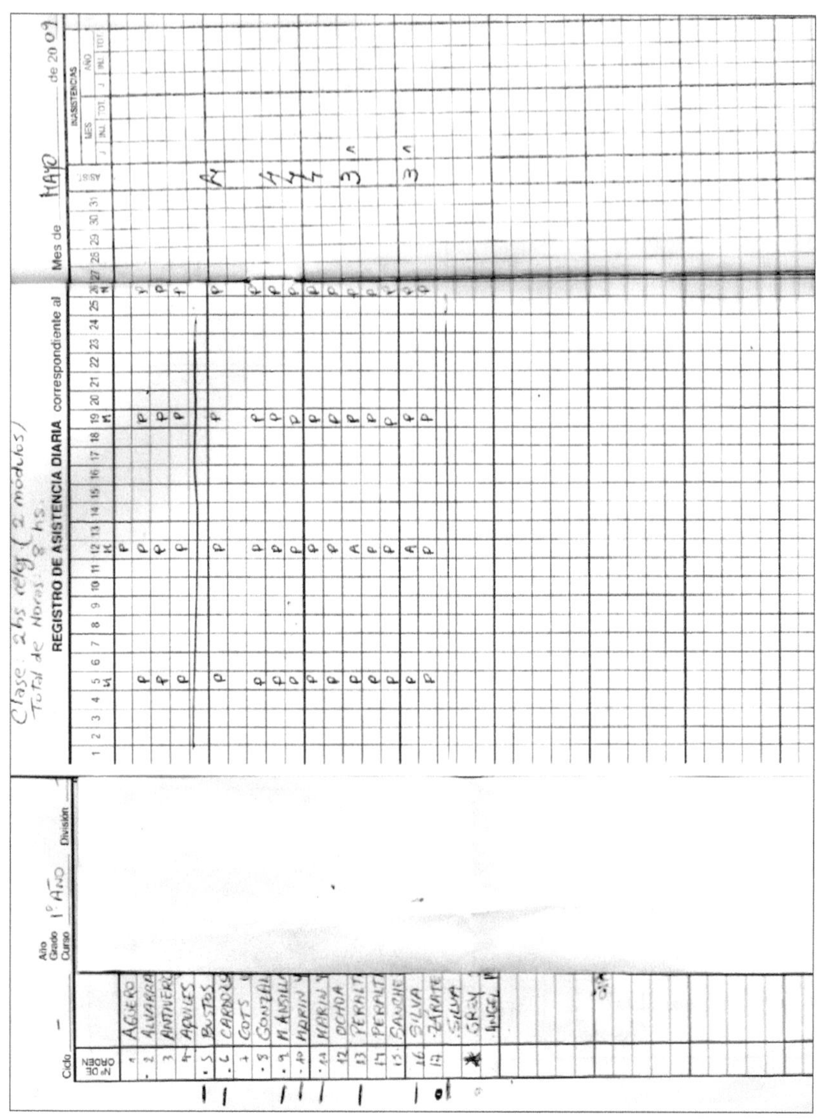

Ciclo
Año Grado Curso 1° AÑO División
REGISTRO DE ASISTENCIA DIARIA correspondiente al Mes de MAYO de 20 09
Clase: 2 hs reloj (2 módulos)
Total de Horas: 8 hs.
N° DE ORDEN
INASISTENCIAS
MES
AÑO

Interior del registro de asistencia estudiantil llevado por Eugenia en las clases de Ciencias Sociales del Bachillerato.

Los profesores y profesoras del Bachillerato queremos trabajar desde la educación popular y creemos que el sistema de evaluación mencionado es competitivo y concibe al proceso de aprendizaje como meramente cuantitativo. Este mecanismo no sirve para evaluar un proceso de enseñanza-aprendizaje sino que sirve para medir los conocimientos "objetivos" que el estudiante ha aprendido. Sin embargo, los y las estudiantes nos piden que evaluemos de esa forma. Si bien nosotros creemos que la mayor recompensa son las cosas aprendidas, el estudiantado parece exigir una "recompensa al esfuerzo". Algunas evaluaciones corregidas con anotaciones y aclaraciones no fueron bien recibidas al no estar calificadas con notas. (Memoria de Asamblea de Educadores, agosto 2009).

También en una entrevista me decía Gonzalo, un educador, que rememoraba la angustia sentida por varios educadores respecto a la incompatibilidad que encontraban entre los modos de evaluar que ellos y ellas proponían y los esperados por los y las estudiantes:

> *(...) cuando nosotros hablábamos de evaluaciones pensábamos en evaluaciones de diagnóstico, ¡pero los estudiantes querían evaluaciones con nota! (...) eso era muy impactante para nosotros, que creíamos que lo último que querían eran notas.* (Gonzalo, educador, entrevista 16/08/2013).

También a propósito de las calificaciones numéricas parecía evidenciarse que las diferencias docentes se planteaban fundamentalmente entre quienes pertenecían y quienes no pertenecían al Movimiento y, dentro de estos últimos, entre quienes participaban solo de las actividades educativas y los militantes territoriales. Al comienzo de una de las Reuniones del Espacio de Educación, cuando se encontraban presentes solo Eugenia, Gastón y José, este último decía sentirse incómodo porque no lograba hacer que las estudiantes se mantuvieran calladas durante su clase: el rumor que se corría era que muchas chicas asistían a su clase solo "para verlo" porque gustaban de él, y una vez sentadas en el aula le hacían bromas y se reían entre ellas, lo que no le permitía a José dictar la clase con normalidad. Buscando ayudarlo a salir de esta situación, Gastón le aconsejaba: "*cuando entrás, te ponés firme (...) ¿hicieron el trabajo? Y avisás que el que no cumple va a tener una mala nota (...)*" (Registro Reunión del Espacio de Educación, 06/03/2011).

Estos diferenciales sentidos docentes construidos en torno a los registros de asistencia y las calificaciones numéricas se desplegaban también a propósito de los contenidos curriculares de cada asignatura[4]. Un ejemplo claro en este sentido era la materia "Proyecto Comunitario", nombre que coincidía con la "orientación" del Bachillerato. Esta orientación había sido propuesta en un inicio por los integrantes del Movimiento, retomando el ejemplo de otros Bachilleratos Populares de la provincia de Buenos Aires, impulsados también por organizaciones que, como el Movimiento, pertenecían al Frente[5].

---

4 En virtud de la constante rotación de educadores que mencioné en el segundo apartado de este capítulo y dada la inexistencia –salvo contadas excepciones– de programas o planificaciones escritas por los educadores he debido reconstruir solo a partir de observaciones y de entrevistas los contenidos curriculares dictados.

5 También fueron tomadas de algunas experiencias previas de Bachilleratos Populares de la provincia de Buenos Aires las grillas de asignaturas que se fueron desarrollando. Sin embargo, en el rastreo de materias que se dictaron puede verse cierto paralelismo con

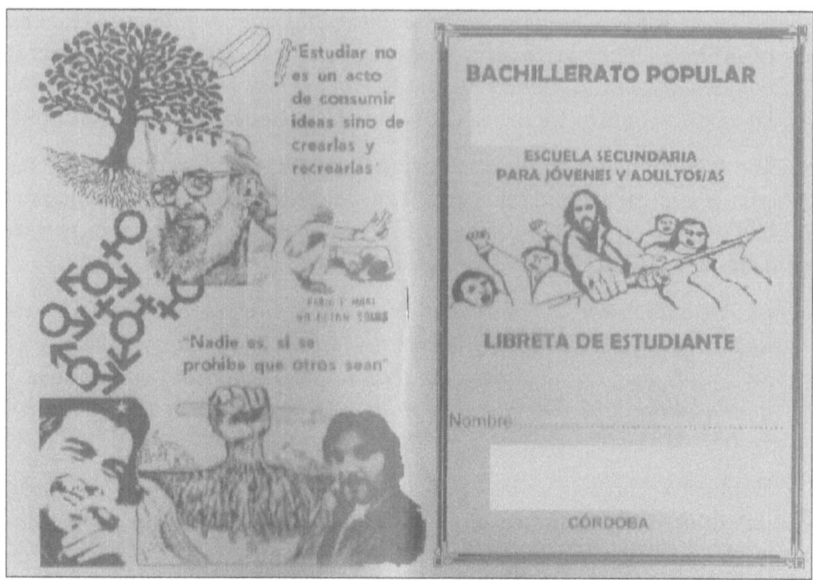

Tapa y contratapa de libreta estudiantil entregada a los/las estudiantes del Bachillerato.

Proyecto Comunitario era dictada por la pareja pedagógica conformada por Gastón y por Paula, una educadora que no pertenecía al Movimiento. Entre ambos se habían producido diferencias desde el inicio. Para el militante territorial, la materia debía priorizar las actividades "prácticas" más que enfocarse en "lo teórico". Esto significaba, en sus términos, "*armar proyectos con los vecinos del barrio*" y "*salir para afuera*" del Bachillerato. Sus intenciones en ese sentido habían logrado hacer participar –aunque en escasas oportunidades– a los alumnos del Bachillerato en las actividades territoriales desarrolladas por el Movimiento en Villa Los Álamos (más precisamente, en la realización de meriendas en un comedor comunitario): "[yo] *planteaba llevar la materia para afuera (...) que los chicos vieran cómo viven* [los pobladores] *acá nomás, a unas cuadras nomás del Bachillerato (...) que vean que hay gente que se está organizando*" (Gastón, entrevista 12/03/2011), relataba. La especificidad educativa de la materia estaba dada para el militante territorial en función de su vinculación con lo político y en los términos en los cuales él concebía esa politicidad.

Paula, por su parte, se oponía a realizar estas actividades: "*Yo lo que decía era que teníamos que tener una fase teórica antes de pasar a la práctica*" (Paula, educadora, entrevista 13/06/2011), sostenía. La propuesta

---

los lineamientos curriculares oficiales. Además, la apertura o cese de una nueva materia se relacionaba con la presencia o el alejamiento del educador o la educadora que la dictaba. No obstante, hubieron algunas materias que lograron dictarse de manera sostenida a lo largo de toda la de existencia del Bachillerato: "Matemática", "Lengua y literatura", "Artes", "Ciencias naturales", "Ciencias sociales", "Inglés" y "Filosofía".

de contenidos que había hecho Paula recuperaba en parte los Contenidos Curriculares para el nivel secundario de materias que podían asociarse a Proyecto Comunitario, si bien ésta no existía como tal en los lineamientos oficiales. La propuesta giraba en torno a temas como:

- *identidad individual / identidad social*
- *identidades estigmatizadas que justifican acciones de violencia (prejuicios raciales / prejuicios de género)*
- *formas de construcción de la otredad*
- *fronteras espaciales y segregación urbana*

Como vemos, no se trataba de una serie de temáticas educativas "despolitizadas": por el contrario, Paula entendía que su participación política en este proyecto se encontraba cifrada en la posibilidad de desarrollar estos contenidos educativos. Sus diferencias con Gastón llevaron a un fuerte debate en el que el militante territorial finalmente cedió y dejó de proponer la realización de actividades "en el barrio". Sin embargo, ya no volvieron a compartir el dictado de las clases, si no que se rotaban una semana cada uno, lo cual Gastón calificó –lamentándose– como una "*segmentación de la tarea docente*".

A lo largo de las páginas de este apartado vimos entonces cómo, para los docentes que hemos identificado con la generación de los *militantes*, el Bachillerato se diferenciaba del resto de las escuelas de jóvenes y adultos en tanto se vinculara con el Movimiento y con el resto de las actividades del mismo. Para los *educadores*, en cambio, la especificidad del proyecto venía dada por el desarrollo de ciertos contenidos o la construcción de vínculos pedagógicos "libres" de actitudes consideradas como propias del sistema educativo oficial (como tomar asistencia o colocar calificaciones numéricas). Esto explicaba en parte que los educadores dedicaran mucho más tiempo al diseño de las propuestas educativas –tal como vimos en el caso de Hugo o de Paula– mientras que los militantes se encontraban mucho más pendientes o bien de producir pruebas que ayudaran a gestionar la oficialización de la escuela –como vimos a propósito de Eugenia y como volveremos a ver en el quinto apartado– o bien de buscar articulaciones para con las actividades del Movimiento en el frente territorial –espacio en el que militantes territoriales como Gastón habían forjado su identidad política de pertenencia–.

No obstante, más allá de estas tensiones y debates al interior del plantel docente que asocio a la existencia de distintos tipos de involucramiento político, es fácil advertir *la gran heterogeneidad de sentidos educativos y políticos desplegados por los docentes en la cotidianeidad del Bachillerato Popular*. Refiriéndose a las experiencias educativas "oficiales", Rockwell (1993) nos indica que en las nociones puestas en juego por los docentes en sus clases confluyen huellas de sus trayectorias educativas, de sus prácticas políticas y sindicales y/o de la apropiación que puedan haber realizado de saberes locales. Esas nociones múltiples, heterogéneas y en transformación configuran una práctica docente que desborda la norma estatalmente sancionada. Del mismo modo, la heterogeneidad de experiencias educativas como éstas desborda las normas o las regulaciones –explícitas o implícitas– que pueden devenir de los imaginarios en torno a aquello que es la "educación popular".

Esta heterogeneidad podía rastrearse también en la construcción de las propuestas curriculares de los educadores, ya fueran activistas educativos o militantes territoriales. En general, era posible advertir un uso generalizado de programas oficiales por parte de todos los docentes del Bachillerato. Este uso solía ser explicado en función de varios motivos:

> ***Ignacio:*** *Cuando arranqué a dar clases no tenía mucha idea porque nunca había dado la materia, así que necesitaba una base (...) fui a un IPEM que está cerca de donde vivo y ahí pedí el programa (...) un policía me dejó pasar y le pedí a una secretaria que me fotocopie el programa (...) ahí en base a eso empecé a armar lo que iba dando (...).*
> ***Entrevistadora:*** *¿Y qué pensabas, te había gustado el programa del IPEM?*
> ***Ignacio:*** *Me pareció muy sencillo (...) eso me gustó (...) dije: "bueno, si esto es el secundario, hay que arrancar por acá" (...). Lo terminé usando como una referencia y después algunos temas los saltaba porque me parecían muy aburridos para los pibes y prefería darles más problemas de esos de lógica, como para pensar (...) saqué mucho del libro de* [Adrián] *Paenza.* (Ignacio, educador, entrevista 23/01/2012).

Frente a su falta de experiencia docente –situación compartida por muchos otros jóvenes que fungían de docentes en el Bachillerato Popular– este docente buscó información y "una base" para su materia en la escuela oficial más cercana a su casa, donde un policía y una secretaria le habían ofrecido ayuda. Sus apreciaciones exponen el modo en que él, individualmente, construyó su propuesta educativa a través del reconocimiento de una institución educativa oficial (un Instituto Provincial de Educación Media) como referencia donde buscar materiales. Sin embargo, esos materiales fueron reformulados: algunas partes del programa del IPEM fueron "saltadas" y otras complementadas con materiales extra. Sus reformulaciones se produjeron además en función de las consideraciones del docente sobre las particularidades de sus alumnos (quienes, desde su perspectiva, "se aburrían con algunos temas").

También los docentes de la materia Artes (en los años 2009/2010) transformaron su programa inicial en función de algunos pedidos estudiantiles. Aunque ellos querían dictar Música dentro de esta asignatura, los alumnos les solicitaron que se abocaran al dictado de Plástica. Buscando responder a esta demanda tomaron el programa que una de las profesoras de la "pareja pedagógica" de esta materia utilizaba para dictar Plástica en una institución privada. Este programa fue valorado al interior del equipo docente de esta materia porque simplificó la tarea y gustó a los estudiantes. Pero además, los docentes señalaban su "parecido" con los programas que se dictaban en cualquier escuela secundaria, lo que –creían– los acercaba a la posibilidad de obtener la oficialización del Bachillerato:

> *(...) teníamos ese plan que estaba bueno, era más que nada de técnica sobre pintura (...) primero con lápices de grafito, después con lápiz de color y así teníamos un proyecto de todo el año con trabajos (...) pero además coincidía bastante con los contenidos de lo que era el plan de estudios de la escuela secundaria de la provincia (...) entonces estaba bueno porque a la hora de la oficialización del Bachillerato teníamos un programa que la provincia acepte.* (Gaspar, educador, entrevista 06/11/2012).

Inclusive en aquellas propuestas educativas que se mostraban abiertamente críticas al apego a los contenidos oficiales era posible rastrear la heterogeneidad de sentidos educativos entre los cuales se incluían los oficiales. Este era el caso de uno de los equipos docentes de Matemática (de mediados del año 2009/mediados de 2010) integrado por dos graduados universitarios de carreras de ciencias exactas y estudiantes de posgrado, quienes sostenían que era preciso "*no tener miedo de apartarse del programa oficial*" (Registro reunión profesores matemática, 25/09/2009).

Por medio de una gran cantidad de encuentros de planificación, debate e intercambio de materiales estos docentes habían ido confeccionado un cuadernillo propio de temas y ejercicios que había surgido "*como un intento de plantear una forma propia de enseñar matemáticas (...) en un proyecto como éste*" (Maxi, memoria reunión profesores de matemática, 10/02/2012). Sin embargo, cuando entrevisté a uno de estos educadores, me relataba que

> *(...) para armar el cuadernillo nos pusimos a ver ejercicios de la facu* [la Facultad] *que nos resultaban sencillos (...) Eugenia también mandaba algunos links de libros de otros lados, que algunos tomamos (...) también tomamos algunas ideas de unos manuales que hay en la página del Ministerio de la Nación (...) y en general nos fijábamos en cosas de nivel de la primaria (...) porque notábamos eso, que había mucha dificultad entre los estudiantes.* (Maxi, educador, entrevista 07/02/2013).

Pero la construcción de una propuesta educativa "propia" no solo se relacionaba para estos docentes al desarrollo de un currículum construido por ellos mismos sino también a diversas estrategias de enseñanza. Una de estas era la decisión de reunir a los dos cursos existentes (primero y segundo año) en un solo grupo ya que entendían como arbitraria la designación de cada sujeto a uno u otro nivel educativo. También en este sentido, y tomando como referencia la experiencia de uno de estos docentes en una "Universidad Popular" mexicana, intentaban hacer un seguimiento personalizado del proceso de aprendizaje. Buscaban de este modo superar "*la ficción* [de la escuela oficial] *de que todos los estudiantes de un curso van a avanzar igual*" (Maxi, entrevista 07/02/2013).

En definitiva, en las nociones puestas en juego por estos docentes de matemática en el armado de su propuesta educativa confluían huellas de sus trayectorias formativas, contenidos y formatos de situaciones problemáticas utilizados en instancias educativas oficiales, así como también intentos por recuperar saberes y vivencias de los estudiantes. No eran por lo tanto fruto exclusivo de una gramática o matriz de "educación popular", sino más bien una construcción heterogénea y, en ese sentido, similar a la de las propuestas educativas de otras asignaturas.

En el marco de esa heterogeneidad, además, se vuelven evidentes las continuidades que se pueden trazar entre este universo educativo y las experiencias pertenecientes a universos educativos oficiales/estatales. El uso del registro de asistencia –por parte de los militantes, pero también demandado por parte de los estudiantes–, el uso de las calificaciones numéricas –apoyadas por los militantes y utilizadas también por los educadores en función de la demanda estudiantil– o una planificación de contenidos que retoma en parte los diseños oficiales –como es el caso de Paula– o que va del espacio educativo no estatal al estatal –como es el caso de Hugo, que arma una clase para el Bachillerato y la utiliza luego en el terciario oficial donde trabaja– son algunos de los ejemplos en este sentido. Se trata de procesos que nos recuerdan la naturaleza "ampliada" del Estado: *nos señalan que no puede pensarse ninguna experiencia educativa completamente por fuera del peso cultural que tiene la cultura hegemónica en los sentidos y en las prácticas educativas de los sujetos.*

Poner esto de relieve significa, en primer lugar, asumir que *es posible trazar más similitudes que distinciones entre experiencias educativas oficiales y aquellas que se plantean como alternativas:* como fue dicho en la Introducción, es probable que muchos de los conflictos de los docentes del Bachillerato respecto de la asistencia estudiantil o de las calificaciones numéricas puedan ser reconocidos por los lectores como tensiones también presentes al interior de cualquier plantel docente de una institución educativa oficial.

En segundo lugar, es importante señalar que la *presencia de sentidos y prácticas culturales hegemónicos en estos ámbitos "alternativos" no significa nada a priori en términos políticos*: no supone encontrar elementos que de por sí "contaminan" estos ámbitos o que deban ser considerados "lastres" de una educación tradicional que, con el tiempo, deba ir siendo desterrada. Solo en el devenir de esas experiencias, y de modos imposibles de develar de manera anticipada, las tensiones en torno a los sentidos y prácticas culturales pueden convertirse en tensiones productivas en términos políticos. Veamos estas cuestiones con mayor detenimiento en el próximo apartado, y a propósito de los y las estudiantes del Bachillerato Popular.

IV. "*¡Ojalá seamos un colegio y tengamos aulas!*". Resistencia, apropiación y subversión estudiantil en el Bachillerato Popular

Habiendo ahondado hasta aquí mayormente en las actividades de los docentes del Bachillerato, quisiera analizar ahora un episodio que me permitirá exponer con mayor profundidad las posiciones estudiantiles en relación a esta experiencia educativa. Me refiero a una asamblea organizada de manera espontánea por los y las estudiantes y a los fines de abordar algunos aspectos de la propuesta educativa desplegada por los profesores de Matemática –y a la que me acabo de referir en el apartado anterior– con los que no acordaban.

Las *asambleas generales* del Bachillerato estaban planteadas, en el Documento Fundacional del mismo, como espacios de definición colectiva de todas las cuestiones relativas a la vida de este proyecto educativo. Se pretendía que participaran de ellas tanto los docentes como los estudiantes. Sin embargo, como la participación de estos últimos no era tarea sencilla, los primeros utilizaban estrategias como realizar las asambleas en el horario de clases, sin un aviso demasiado anticipado al estudiantado[6]. Pero era frecuente que, aun utilizando este mecanismo de efecto "sorpresa" y una vez iniciada la reunión, gran parte de los y las estudiantes encontrara la forma "silenciosa" de abandonar el lugar. Los y las que se quedaban, por otra parte, no pedían la palabra de modo frecuente. En una memoria docente realizada después de la asamblea general de cierre del año lectivo 2010, podía leerse:

> *(...)* ***propusimos una metodología de un profe-un estudiante para hablar****, ya que las intervenciones de l@s estudiantes eran breves y tenían que ser motivadas, hecho que se había dado a lo largo del año, así como la poca convocatoria y participación de estudiantes en las asambleas (...)* ***hablando con l@s estudiantes surgió que había que repensar la metodología de las asambleas porque no había mucha apropiación ni participación, ni esa conciencia de que ahí se toman las definiciones importantes sobre el funcionamiento del Bachillerato****.* (Memoria de Asamblea de Educadores, 19/12/2010; el énfasis es mío).

Frente a esta "indiferencia" estudiantil ante las asambleas generales, volvían a ponerse en tensión las diversas lecturas docentes sobre la cotidianeidad del Bachillerato. Para los militantes territoriales, la falta de intervenciones de los y las estudiantes o su rechazo a formar parte de estas instancias era "normal". Según sostenían Eugenia y Gastón, si algo les había enseñado su paso

6 El registro de estas tensiones al interior de otro Bachillerato Popular y de la utilización de este tipo de mecanismos docentes para garantizar la presencia estudiantil en las asambleas puede verse también en el trabajo de García (2011a).

por las actividades territoriales de la zona era que podía llevar años que un "compañero" o "compañera" se animara a hablar en una asamblea.

Los educadores y las educadoras, por su parte, si bien compartían la idea de que el paso del tiempo iría familiarizando a los estudiantes con estas instancias de participación política, se angustiaban más frecuentemente ante su resistencia a participar de las mismas. Fundamentalmente, porque consideraban que se atentaba de este modo contra la construcción horizontal y colectiva al interior del Bachillerato, característica considerada por ellos como distintiva de una experiencia educativa de este tipo.

Dado que yo estaba al tanto de esta escasa participación estudiantil en las instancias asamblearias fue grande mi sorpresa cuando una tarde, al llegar al Bachillerato, encontré a los estudiantes reunidos, quienes me informaron que estaban haciendo "una asamblea de estudiantes". Solicité permiso para participar de manera silenciosa en la misma y pronto supe que el motivo del encuentro era discutir sobre ciertos aspectos de "*las clases de Matemática*" que, según decían, "*no les gustaban*".

Ya hemos visto en el apartado anterior parte de la propuesta de los educadores que dictaban la clase de Matemática. Como hemos visto, estos educadores unificaban a los dos cursos en un solo grupo, decisión que sostenían en su crítica a la "homogeneización" que le adjudicaban al sistema educativo oficial y que además, según afirmaban, les permitía hacer un seguimiento más personalizado de cada estudiante. Por este motivo, tampoco tenía sentido estructurar la clase en "*un momento magistral seguido por uno de resolución de ejercicios*" (Maxi, educador, entrevista 07/02/2013).

En cambio, las clases se iniciaban planteando directamente situaciones problemáticas y sin la mediación de explicaciones teóricas generales. Una vez que cada estudiante ya había comenzado su ensayo de resolución de la problemática expuesta, los educadores pasaban charlando con cada de uno/a de ellos/as para evaluar juntos/as las decisiones que habían tomado. Por este motivo, además, el pizarrón era solo ocasionalmente utilizado, y solo para escribir la situación problemática con la que se iniciaba la clase:

> *(...) la idea era que traten de descubrir solos qué es lo que estaba pasando y que se animen a tener una opinión sobre por dónde iba la cosa antes de que nosotros les digamos (...) los ejercicios eran creativos e implicaban pensar, pero pensar distinto, no mecánicamente.* (Maxi, educador, entrevista 07/02/2013).

Fue ante algunos de los aspectos de esta propuesta pedagógica que los estudiantes del Bachillerato Popular habían decidido realizar su asamblea "de estudiantes". Al principio de este encuentro[7] fue Ana, una de las estudiantes más jóvenes del Bachillerato, quien dijo: "*Acá hay que resolver este*

7 Todas las citas de la asamblea estudiantil que componen este apartado pertenecen al Registro de Observación, asamblea de estudiantes, 02/06/2010.

problema para que se arme un compañerismo entre profesores y alumnos, porque si no el año va a pasar y de matemática vamos a tener solamente dos hojas, y no vamos a haber aprendido nada". Viviana, una estudiante mayor, opinó por su parte que "*el problema de estos profesores es que no utilizan el método del pizarrón (...). Ellos dicen que te explican sin pizarrón, pero así no entendés*". Otro estudiante, Santiago, dijo que había sentido "*ganas de llorar en las primeras clases, porque las fracciones son una huevada, pero cuando no te las acordás porque hace mucho que no agarrás un número te sentís impotente*".

En un sentido similar otro estudiante, David, sostuvo que los profesores le habían dicho "*que hiciera los ejercicios como sepa*", pero que él no sabía ninguna forma de hacerlos. Opinó además que "*ellos deberían ser más humildes (...) preguntarnos '¿Qué les parece? ¿Estoy enseñando bien o mal?'*". Frente a esta intervención, un compañero le contestó enojado: "*Pero nunca te van a preguntar eso, ¡porque estos profesores dijeron que ellos no son profesores, que nosotros les podemos enseñar a ellos!*".

La conversación continuó con más detalles sobre qué era lo que disgustaba a los estudiantes durante las clases de Matemática. Ana volvió a pedir la palabra para contar que uno de estos profesores corregía los errores de ortografía que ellos tenían cuando escribían las soluciones a los problemas: "*Eso está mal, porque no era la hora de Lengua, era la de Matemática*", afirmó. Santiago, por su parte, decía que varios estudiantes habían planteado este problema durante la clase pero que los profesores de Matemática "*lo sienten como una agresión*". Era por eso que habían decidido que tenían que enfrentar a los educadores en una nueva reunión especialmente organizada con ese fin. Allí les plantearían, según Santiago, que "*el Bachillerato es algo que encaramos todos, no es que venimos profes y alumnos a aprender solamente, esto es un proyecto como algo personal (...) esto hay que resolverlo ahora porque el día de mañana no vamos a ser pocos como hoy (...) ¡Ojalá seamos un colegio y tengamos aulas!*".

Cuando la charla iba llegando a su fin, se fijó un nuevo día y horario para concretar esa futura reunión con los profesores cuestionados. Algunos de los presentes idearon además otros puntos para ser debatidos en ese futuro encuentro: "*la compra de una garrafa para la cocina que no tiene gas*"; "*juntar plata para pagar las fotocopias entre todos, porque si no las terminan pagando siempre los profesores*"; "*refaccionar la biblioteca*"; "*comprar un pizarrón nuevo y tizas y borradores*"; "*comprar un equipo para escuchar música*". Finalmente, Ana, levantando la voz, dijo: "*¿Cuántos votan por hacer la asamblea la semana que viene en la hora de Matemática, porque la hora de Arte e Inglés* está bueno*?*". Todos levantaron la mano, y luego aplaudieron con alegría para dar fin a la asamblea.

Las demandas estudiantiles que se cristalizaron en la asamblea expresaban una preocupación por lo que los estudiantes consideraban las formas "legítimas" de lo educativo. No se trataba simplemente de mejores o peores vínculos personales con cada uno de los profesores y sus propuestas. Se trataba de una afrenta sentida de manera colectiva: tan sentida que esto los y las había llevado a realizar una asamblea estudiantil. Es decir, a hacer uso de un dispositivo político ante el cual solían resistirse cuando los y las docentes (fueran militantes territoriales o activistas educativos) querían convidarlos/as a participar.

En primer lugar, considero que es importante recordar lo dicho en el capítulo I a propósito de las condiciones socio-educativas de la zona de influencia urbana del Bachillerato Popular para comprender que la inclusión de los estudiantes en el mismo se encontraba principalmente asociada a una demanda educativa insatisfecha oficialmente. Ellos podían tomar y apropiarse de diversas maneras de las distintas propuestas educativas, reaccionar heterogéneamente ante la politicidad de cada una de ellas, pero se encontraban incluidos en este universo buscando, en primer término, superar experiencias previas de fracaso y exclusión educativas. En ese camino, era comprensible que reaccionaran ante una de las propuestas educativas que buscaba presentarse como más distante de la "educación tradicional". Aunque esos sentidos y esas prácticas educativas hegemónicas podían ser vetustos o criticados desde una concepción innovadora de la asignatura, eran significados por los estudiantes como legítimos. Como objetos propios de una institucionalidad a la que ellos no habían podido acceder, o de la que habían sido expulsados, pero que no por eso dejaban de desear.

No obstante, considero que la impugnación estudiantil a la propuesta educativa de los educadores de Matemática no implicaba ni una adhesión ciega por parte de los estudiantes a la "gramática escolar" o la "forma escolar", concepto utilizado en trabajos sobre el tema (por ejemplo Elisalde, 2008) para aludir a las supuestas características constantes de la "educación tradicional" que son rechazadas y subvertidas en las experiencias de educación popular tales como los Bachilleratos Populares. Esta impugnación estudiantil tampoco implicaba, desde mi perspectiva, un rechazo a sentidos críticos (y, por lo tanto, políticos) en torno a la realidad de los y las estudiantes. Considero de hecho que un análisis exhaustivo de las expresiones estudiantiles durante la asamblea permitirá proponer, más bien, todo lo contrario. Avanzaré en dicho análisis a partir de las categorías de *resistencia*, *apropiación* y *subversión* propuestas por Rockwell (2011).

En primer lugar, los estudiantes se resistieron a la participación en las asambleas generales en los términos en los que estas eran planteadas por los docentes. El registro de su propia reunión permite recuperar algunos de los puntos de distancia existentes entre sus intereses y los de los profesores. En principio, el interés estudiantil por debatir en torno a qué y cómo se enseñaba durante la clase de Matemática contrastó con el desplazamiento que el debate sobre este tema tenía en las instancias de asambleas docentes: tal como mencioné en el primer apartado, el interés de los educadores reunidos en asamblea giraba mayormente en torno a temas como pedido de reconocimiento estatal, nuevas incorporaciones estudiantiles o docentes, distribución horaria de materias, entre otros. Las discusiones acerca de la construcción de las propuestas educativas quedaban reducidas a los ámbitos de cada pareja pedagógica –en el caso de haber más de un docente– o libradas a las decisiones personales que cada uno de los educadores iba tomando. Se encontraban entrecruzadas, además, por los debates surgidos a propósito de los diferentes perfiles generacionales que señalé en relación al plantel docente. Tal y como estas asambleas eran propuestas, generaban la resistencia a la participación o a la toma de la palabra durante las mismas por parte de los y las estudiantes.

En segundo lugar, entiendo la realización de la asamblea estudiantil como un acto de apropiación del mecanismo/momento asambleario propuesto por los educadores/militantes, pero invocado ahora para dirimir un conflicto significativo para el alumnado. Esta apropiación se expuso no solo a través de la realización del encuentro, sino también del interés demostrado por participar de este espacio a partir de las cuantiosas y vehementes intervenciones de los estudiantes. En esa asamblea estudiantil se expresó también la apropiación de los y las estudiantes respecto de la experiencia del Bachillerato en general: este fue representado en los diálogos como una experiencia en la cual ellos se involucraban "personalmente" ("*es algo que encaramos todos, (...) esto es un proyecto como algo personal*"), como espacio con sentido y dimensión colectiva.

Por último, considero que el anhelo por poseer algunos de los signos más característicos del sistema educativo oficial se emparenta con los motivos de la sublevación estudiantil ante la propuesta de Matemática. Las intervenciones en este sentido parecieron buscar equiparar la cotidianeidad educativa del Bachillerato Popular con algunas características que podemos entender como propias del sistema educativo oficial: el uso del pizarrón por parte de los docentes ("*el problema de estos profesores es que no utilizan el método del pizarrón (...). Ellos dicen que te explican sin pizarrón pero así no entendés*"); una determinada cantidad de páginas escritas por los estudiantes a lo largo del año ("*el año va a pasar y de Matemática vamos a tener solamente dos hojas, y no vamos a haber aprendido nada*"); o el reconocimiento del profesor como el poseedor legítimo del saber autorizado ("*¡estos profesores dijeron que ellos no son profesores, que nosotros les podemos enseñar a ellos!*") fueron, según mi análisis, expresiones de ese imaginario.

Esta sublevación, al mismo tiempo que reivindica como legítimos una serie de sentidos y prácticas culturales hegemónicas, incluye una demanda por mayor democratización de la experiencia educativa: busca instituir al docente como sujeto del saber para poder exigirle, simultáneamente, que sea "*más humilde*" y que pregunte a sus estudiantes "*si está enseñando mal o bien*". De hecho, lo primero se vuelve condición de lo segundo: "*nunca te van a preguntar eso* [si están enseñando mal o bien] *porque estos profesores dijeron que ellos no son profesores*", había dicho uno de los estudiantes.

Por último, quisiera señalar que la apropiación del Bachillerato como experiencia personal que interesa a los estudiantes se expresó en el anhelo por un futuro pródigo para esta escuela: ése que adviene junto con otros signos también característicos del sistema educativo oficial, tales como la masividad, la inscripción institucional y la existencia de los salones de clase ("*el día de mañana no vamos a ser pocos como ahora (...). ¡ojalá seamos un colegio y tengamos aulas!*", había dicho Santiago). Aquí también se hacen presentes los sentidos hegemónicos de la educación, que no se circunscriben a los límites físicos de los ámbitos estatales. Es decir, que no empiezan y terminan en las instituciones escolares, sino que forman parte de la vida cotidiana, de las prácticas y de las expectativas de los sujetos inclusive cuando éstos se encuentran participando en experiencias educativas "alternativas" a las estatales.

Esa presencia reiterada y constante de los sentidos y prácticas educativas hegemónicos –reiterada y constante precisamente por el estatus hegemónico de esos sentidos y prácticas– obliga (de manera más o menos consciente) a construir toda experiencia educativa alternativa en una dinámica mimética con el sistema educativo oficial. Aunque esa mímesis es ineludible no supone la reiteración mecánica de modos de educar y ser educado, ni cancela la posibilidad de usos heterogéneos de los objetos, de las prácticas y los rituales educativos ni anula la generación de una politicidad significativa o crítica, capaz de movilizar a los sujetos –en este caso a los y las estudiantes– en la búsqueda por demandar algo que consideran valioso. De hecho, en una "zona educativa abandonada" de instituciones educativas oficiales –retomando los términos de la funcionaria ministerial– la demanda por establecer sentidos educativos hegemónicos y hacer del Bachillerato "una escuela con aulas" adquiere un cariz particular. Como indica Rockwell (2009),

> *(...) en determinados momentos, en particular después del embate de las políticas neoliberales, la reproducción de ciertos espacios, prácticas y saberes escolares se vuelve bandera de lucha de los sectores que se encuentran sistemáticamente excluidos de la educación.* (p. 140).

En el mismo sentido, Grassi *et al.* (1994) nos recuerdan que los logros del sistema educativo

> *(...) deben ser conceptualizados como resultado de pugnas y transacciones entre determinadas políticas y sectores antagónicos de la sociedad. En ciertos momentos históricos, reflejan las resistencias de la población a abandonar espacios ya conquistados.* (p. 73).

No intento equiparar aquí el reclamo de los/las estudiantes en relación a la asignatura de Matemática con un movimiento organizado de lucha por la educación, pero sí con resistencias espontáneas que, aunque desarticuladas, reflejan el valor asignado a la cultura educativa hegemónica en tanto terreno conquistado en función de pugnas históricas. El reclamo estudiantil de los y las estudiantes del Bachillerato, aunque "fragmentario" y "caótico" –términos con los cuales Gramsci (2012) adjetiva al sentido común y la cultura subalterna–, no deja de ser significativo: tan significativo que en su búsqueda y demanda los estudiantes se volvieron, al menos en una ocasión, activos participantes e interesados asambleístas.

En la asamblea que se realizó a la semana siguiente de los eventos aquí reseñados los educadores de Matemática decidieron irse del Bachillerato. Sostenían que su decisión no había sido influida por las críticas de los estudiantes a su modo de dar clases, sino por las diferencias que tenían con los integrantes del Movimiento y, particularmente, con los militantes territoriales. Creían que para estos no era una prioridad reflexionar sobre cómo construir un proyecto pedagógico alternativo. Los estudiantes, por su parte, vivieron esta partida de manera angustiante. Su intención, decían, no había sido echar a los docentes y sentían que sus críticas podían haber sido demasiado duras.

Para finalizar, me gustaría vincular este aspecto de mi análisis con lo desarrollado por Milstein (2008) a propósito de un reclamo infantil efectuado para impugnar el accionar de una docente en una escuela primaria. Tanto en éste como en aquel caso, es posible visualizar formas de hacer política que desbordan las actuaciones o los roles políticos socialmente "esperados". En el caso de los estudiantes del Bachillerato, estos estructuraron su participación política al resistirse a aquello que ni los profesores ni los militantes (ni posiblemente yo) esperaban: una propuesta pedagógica "alternativa". Desde aquí, se vuelve posible tensionar la imagen generalmente construida sobre este tipo de experiencias de "educación popular" donde parecen reinar sin conflictos las pedagogías dialógicas, críticas, emancipadoras y horizontales, o donde los conflictos se interpretan solo como adhesiones a formas educativas tradicionales que serán, con el tiempo, superadas.

V. *"Luchar por la oficialización"*. La disolución del Bachillerato Popular

En el segundo semestre del año 2010 el Centro Vecinal en el que el Bachillerato Popular funcionaba comenzó a tener problemas de servicios. Hubo cortes de luz reiterados y luego de agua. Por ese entonces, salvo alguna fiesta ocasional que se realizaba en el lugar, solo el Bachillerato Popular funcionaba allí de manera asidua. Los miembros de la Comisión Directiva de la institución no mostraban mucho interés por solucionar estos problemas de servicios y hasta se corría el rumor de que buscaban precisamente boicotear la actividad del Bachillerato para expulsarlo del lugar: aparentemente, la alianza por la cual el Movimiento había logrado que las autoridades del Centro Vecinal cedieran el lugar parecía haberse ido desgastando paulatinamente y haber llegado a su cenit[8].

En el marco de este panorama, las diferencias entre educadores externos al Movimiento y los militantes del mismo se tensaron. Estos últimos consideraban que los educadores no se comprometían lo suficiente en la resolución de estos problemas, tarea que implicaba un tiempo y un esfuerzo que desbordaba largamente la labor estrictamente docente y que suponía, según palabras de Gastón, "*poner el cuerpo más allá de las clases*".

Poner el cuerpo era, fundamentalmente, *estar en el barrio*: quedarse después de hora, *gestionar* la reconexión de la luz y el agua con el presidente del Centro Vecinal y, por lo tanto, saber dónde ubicarlo, conseguir entablar un diálogo con él, exponer argumentos, conseguir promesas, insistir con llamados telefónicos, etc. En síntesis, tareas muy similares a las que desarrollaban los militantes territoriales a propósito de las actividades territoriales, y sobre las que volveré en el capítulo IV:

> *El otro día en la reunión de los profes del Bachillerato dije "che, ¿quién quiere salir a volantear el barrio?" y nadie dijo "sí" (...) si no "bueno, nos vemos la semana que viene en la reunión de profes" (...) nadie va a volantear el barrio, y la idea es que sea "che, salgamos a caminar el barrio, rompamos un poquito esto de voy a dar clases y nada más" (...) si vos vas a armar un Bachillerato para cumplir un horario, venir, dar dos horas de clases y te vas ¿cuál es el sentido del Bachillerato? (...)* [Silencio] *(...) por otro lado también es cierto que es un montón de laburo andar por el barrio (...) nosotros lo sabemos.* (Eugenia, entrevista 15/06/2011).

Se trataba de ese "*montón de laburo*" que Eugenia conocía muy bien porque era ella, precisamente, quien más lo realizaba. Sin embargo, como pudimos ver en el volante de convocatoria lanzado por el Movimiento para sumar activistas que quisieran participar en el Bachillerato, éstos habían sido convocados aludiendo a sus trayectorias educativas y sus credenciales académicas. La interpelación a la participación había estado asociada desde el inicio con el desarrollo de actividades educativas y no por su capacidad para construirse como referentes barriales o para solucionar problemas de

---

8 Aunque no estaban del todo claros los motivos de la antipatía de las autoridades de la Institución para con la existencia del Bachillerato se rumoreaba que todo había comenzado un día en que un reconocido referente "piquetero" de la ciudad se había acercado al Bachillerato buscándolo a Gastón, con quien debía sostener una reunión. Este referente tenía un alto nivel de exposición mediática por aquel entonces: de hecho, las cámaras de un noticiero local lo habían captado tirando abajo una bandera argentina de su mástil durante una movilización en respuesta a una represión policial que buscó desalojar un acampe montado sobre la plaza central de la ciudad de Córdoba y la imagen se repetía diariamente como propaganda de este noticiero. Su presencia en el Centro Vecinal coincidió con la de un miembro de la Comisión Directiva del mismo, quien al verlo deslizó por lo bajo un comentario de desprecio.

toda índole –que insumían una gran cantidad de tiempo– asociados a la cotidianeidad del Bachillerato.

Considero que la demanda por *poner el cuerpo* en el barrio era una demanda por desarrollar una militancia por la que las personas que se habían sumado como educadoras al Bachillerato (o los militantes más jóvenes del Movimiento abocados a las actividades educativas) no se sentían interpeladas. En ese sentido explicaba Julieta, una activista educativa externa al Movimiento durante una entrevista:

> *(...) somos profes y queremos participar como profes y nos cuesta ya sea por tiempo, por interés personal, por lo que sea, asumir una militancia en el barrio. ¿Por qué? Porque no solo que no tenemos tiempo porque tenemos otras militancias, sino que aparte no somos del barrio (...).* (Julieta, educadora, entrevista 09/09/2011).

La identificación como educadores y su especialización en actividades educativas era, a fin de cuentas, la manera en que esta generación militante "*ponía el cuerpo*" en el proyecto del Bachillerato. Esta entrega reconocía su propio límite: los educadores no eran del barrio mientras que los militantes, a pesar de no poseer el mismo origen social que los vecinos de la zona, parecían haber negociado su inscripción en este ámbito espacial/social hacía mucho tiempo atrás, a partir de otro estilo de militancia y en el marco de otro escenario histórico. Desde estas diversas maneras docentes de involucramiento político en el Bachillerato se estructurarían, finalmente, heterogéneos sentidos sobre el involucramiento estudiantil en el proceso de oficialización del Bachillerato. Este sería el último debate en el cual se tensarían las diferentes posiciones al interior de esta experiencia educativa, antes de que la misma cesara de existir.

A raíz de los problemas sostenidos de infraestructura que no eran solucionados por el Centro Vecinal casi todos los educadores (y entre ellos varios activistas educativos que sí se reconocían como militantes del Movimiento) abandonaron el Bachillerato en su tercer año de funcionamiento. Se fueron disconformes con la caracterización realizada por los militantes territoriales acerca de su falta de compromiso: su escaso "*poner el cuerpo más allá de las clases*". Sin embargo, serían rápidamente reemplazados por una nueva camada de educadores que emprendería la tarea de restablecer la actividad educativa del Bachillerato. Este nuevo grupo constituiría uno de los más homogéneos de los que habían oficiado como profesores en esta experiencia, ya que ninguno de sus integrantes pertenecía al Movimiento y todos eran estudiantes universitarios. Entre ellos se contaban además una gran cantidad de estudiantes provenientes de una misma facultad: la de Filosofía y Humanidades de la Universidad Nacional de Córdoba.

El primer desafío que debió enfrentar el nuevo grupo de educadores fue la "mudanza" del Bachillerato. El Centro Vecinal había dejado de constituir una opción viable y la única salida –al menos en ese momento– era trasladar las clases al local que el Movimiento poseía en barrio Concepción, a solo tres cuadras de Villa Los Álamos. El final conflictivo del año anterior, la mudanza al local, la oficialización que no se terminaba de conseguir y el retraso en el inicio de las clases (ya que el nuevo grupo de educadores se conformó hacia fines del mes de abril de este tercer año) trajeron aparejados una reducción drástica de estudiantes del Bachillerato, que parecía quedar al borde de su supervivencia. Sin embargo, los nuevos educadores conformaron parejas pedagógicas, reunieron materiales didácticos, sistematizaron propuestas de contenidos y comenzaron a dar clases, a pesar de que a las mismas asistían, con regularidad, solo tres estudiantes.

Una evidencia clara de que la conformación del plantel docente de este año fue mayoritariamente de activistas educativos fue que la "orientación" del Bachillerato (es decir, la especificidad del título que se iba a intentar "oficializar") pasó de "orientación en Proyecto Comunitario" a "orientación en Ciencias Sociales". Como habíamos visto anteriormente en este capítulo, la "orientación en Proyecto Comunitario" respondía a la especificidad "política" que los integrantes del Movimiento querían imprimirle al Bachillerato, vinculándolo así a las diversas actividades territoriales que la organización desplegaba en los barrios de la zona.

Los nuevos profesores, por su parte, propusieron esta nueva orientación en virtud de una serie de materias con fuerte carga "humanística": el nuevo programa de asignaturas incluía ahora materias como "Antropología", "Filosofía", "Realidad social y política" o "Problemáticas de géneros", entre otras. Conscientes de las diferencias y roces que habían tenido en los años anteriores con el resto de los educadores, Eugenia y Gastón decidieron abandonar su implicación en esta experiencia educativa. Gastón pasó a dedicarse por completo a las tareas del sector territorial y Eugenia limitó su actividad docente al espacio del Plan FinEs.

El único integrante de la organización que había quedado vinculado con el Bachillerato era José, quien como vimos anteriormente formaba parte del Movimiento pero a quien identifiqué como activista educativo ya que se había integrado al mismo interpelado por las actividades educativas, como pintar murales y dictar clases de apoyo escolar, primero, y finalmente como profesor en el Bachillerato. Si bien José se vinculaba también esporádicamente con las actividades del sector territorial no se abocaba específicamente a la coordinación u organización de las mismas (en este sentido nunca se aludía a él como referente territorial, aunque sí como *militante* del Movimiento y como *profe* del Bachillerato).

En las entrevistas con José se ponía de manifiesto que más allá de su acuerdo respecto de la importancia que le otorgaba a acciones como "*patear el barrio*" en tanto constitutivas de la identidad política del Movimiento y particularmente de la militancia territorial, su figura se encontraba más vinculada a la de activista educativo en tanto militante que "*va al barrio como agente externo*". Esta identidad era la que permitía que su presencia dentro del plantel docente del Bachillerato provocara menores tensiones con el resto de los educadores, o al menos que permitiera abrir debates que él calificaba como interesantes con el resto del plantel:

> *Yo soy del Movimiento pero a mí en el Bachillerato me ven como un profe más (...) y desde ahí yo sostengo y les planteo* [al resto de los educadores y educadoras] *que el Bachillerato tiene que tener un equilibrio, un pie en cada lado, un pie en la actividad como educadores y un pie en salir a patear el barrio (...) que no es solo ir a dar clases, sino pasar tiempo con la gente, tomarte un mate, ver cómo están las cosas, ¿no? (...). Porque ése es el perfil que tiene el Movimiento, caminar el barrio y escucharlos desde ahí (...) pero bueno también en esas charlas salen discusiones interesantes que el resto* [de los educadores y educadoras] *me pregunta si yo me siento o no del barrio, porque saben que vivo en el centro, que voy a la universidad, no soy uno más de los vecinos (...) y está buena la pregunta (...) pienso que ahora se desdibuja un poco la respuesta pero en décadas anteriores era más claro por qué uno iba al barrio, había claridad de que ahí se podía empezar la revolución (...).* (José, entrevista 09/09/2011).

Más allá del retiro de Eugenia y Gastón y de la relación más armónica establecida entre el resto de los educadores y educadoras con un militante del Movimiento como José, los procesos tensionales que atravesaban al Bachillerato no pudieron detener el final que se avecinaba: un día, y por medio de un mensaje de texto enviado a un teléfono celular, los estudiantes del Bachillerato avisaron que dejaban de asistir a clase. El día anterior –según supe luego– habían sido parte de una asamblea general (organizada por los educadores) en cuyo temario se había incluido el punto "*oficialización del Bachillerato*".

Si bien este punto había formado parte de numerosas asambleas generales (aunque como hemos visto era poco frecuente que los estudiantes participaran de las mismas) los sentidos que se habían hecho jugar en esta última ocasión en torno a este tema parecían haber ocasionado que los pocos estudiantes que aún permanecían en el Bachillerato decidieran abandonarlo. Lo ocurrido, al parecer, era que esta última camada de activistas educativos había enfatizado durante esta asamblea que la oficialización del título se conseguiría "*con la lucha*": con la lucha de los y las profesores/as, pero también con la lucha *de los y las estudiantes*. Estos últimos habían quedado algo atónitos ante esta expresión. Ellos querían su título de secundario completo y sabían que se estaban realizando trámites para la oficialización, pero no sabían de qué se trataba esto de que fueran ellos mismos quienes debían "*luchar por la oficialización*".

Los nuevos profesores también se sorprendieron ante el desconocimiento de los estudiantes acerca de este tema: ¿acaso los militantes no les habían explicado a los estudiantes que había una *lucha* que dar para conseguir la oficialización? Que los estudiantes hubieran estado esperando que un otro (los docentes, los militantes, un funcionario o algún completo desconocido) oficializara el Bachillerato y les diera la posibilidad de terminar su secundario ¿no atentaba contra lo que debía ser una característica propia de esta experiencia educativa (la implicación colectiva en la lucha)? ¿No debían ser los estudiantes de esta escuela –"*con perspectiva de educación popular*" e impulsada por un movimiento social– sujetos que entendieran la importancia que posee "*luchar*" (confrontar, exigir, salir a la calle para demandar) para obtener lo que se busca?

No me hubiera sido posible entender que lo que escondían estos interrogantes eran –aquí también– distintas formas de hacer política correspondientes a distintas identidades políticas o generaciones militantes si –entre otras cosas– no hubiera acompañado a Gastón y a Eugenia en sus recorridos por villas y barrios y en sus itinerarios por los ámbitos ministeriales. En esos recorridos, Gastón solía repetir una frase con la cual explicaba su modo de intentar construirse como un militante territorial: "*a la gente primero hay que mostrarle que uno* hace", decía. Y en el marco de la militancia territorial, saber *hacer* era en primer lugar –y como veremos con detenimiento en el capítulo IV– saber llevar papeles, identificar funcionarios, saber llevar adelante reuniones de negociación, saber cuándo y cómo convocar a las personas a movilizarse, reclamar en reiteradas oportunidades a los funcionarios por lo que el Estado no entrega en tiempo y forma, o administrar y repartir con justicia lo obtenido.

En un ámbito donde las promesas políticas incumplidas son una constante –y significan el acceso o la falta de acceso a algún recurso que puede mejorar cualitativamente unas condiciones de vida atravesadas por la carencia material– los militantes territoriales habían aprendido que era tan importante mostrar su capacidad de gestionar como demandar el compromiso de los vecinos y vecinas a movilizarse. En el sector territorial como en el marco del Bachillerato, la entrega de los militantes territoriales parecía ser también demostrar que *sabían hacer* lo necesario para que el Bachillerato obtuviera la oficialización: los estudiantes podrían apreciar que el Movimiento había cumplido con lo pautado (había sabido *hacer*) y –tal vez– sentirse referenciados con la organización y –por qué no– comenzar a movilizarse con ella.

Pero al interior de ese estilo de militancia el Bachillerato era, al mismo tiempo, *un hacer en sí mismo*: cuando Eugenia insistía en que dar "tutorías" en los domicilios particulares atentaba contra el "proyecto" aludía en parte a esta cuestión, porque no era lo mismo para el Movimiento que los vecinos de barrio Olimpia, que las autoridades del Centro Vecinal y que –inclusive– el Ministerio de Educación provincial (al cual demandaban y reclamaban diversos recursos) vieran que esta organización en articulación con otros sectores daban clases diariamente (en un mismo lugar, en un mismo horario) que el hecho de que esto no fuera visto. Como recuerda Quirós (2011), en un universo social donde los movimientos piqueteros/territoriales son acusados constantemente de vagancia (y en el que el grito "*vayan a laburar*" propinado por los automovilistas es parte del paisaje y folclore de cualquier acción callejera) demostrar que *uno hace* ante aquellos que aún no forman parte de la organización puede ser crucial para lograr acercarlos a la misma.

La generación a la que pertenecían los activistas educativos, por el contrario, no parecía formar parte de esta lógica de construcción política. Para ellos y ellas, el vínculo político que desde la militancia territorial se establecía con la gente de los barrios incumplía con un principio político que estimaban valioso: aquel por el cual nadie habla, gestiona o lucha –ni siquiera en primera instancia– en nombre de nadie:

> *No, no (...) ¡no sabemos qué es el sector territorial del Movimiento más que las caras visibles de Gastón y Eugenia! Yo no sé quién es la territorial, eh! (...). Yo al menos vi a la gente de la villa porque fui por ahí algunas veces, pero para los otros profes (...) si les hablan del sector territorial es lo mismo que no les dijeran nada (...) porque la realidad es que cuando pedimos una reunión con ese sector vino solamente Gastón, no vino toda la gente que va a las movilizaciones con Gastón.* (Julieta, educadora, entrevista 09/09/2011).

Ese pedido efectuado por los educadores para reunirse con el sector territorial (en vistas a "*familiarizarse con las otras actividades del Movimiento*", según me había precisado otro activista educativo) se había producido dos semanas antes del cierre del Bachillerato. Era recordado por lo tanto como un momento paradigmático del vínculo tenso entre militantes territoriales y activistas educativos. Estos últimos veían en la forma que había asumido el encuentro (la ausencia de la gente de los barrios y villas, la presencia de Gastón) la síntesis de aquellos modos de hacer política que no les parecían legítimos: uno (Gastón) venía por los otros (los vecinos), uno se reunía por los otros, uno gestionaba la oficialización por los otros en vez de lograr poner a los otros (a los estudiantes) a "luchar" por aquello que era justo (la oficialización del Bachillerato).

Los militantes territoriales, por su parte, también veían condensarse aquí la distancia y la incompatibilidad de lógicas que los separaba de quienes se sumaban a estas experiencias como educadores:

> *Y ellos* [los educadores] *piden una reunión con la territorial, porque decían que querían conocer a la gente de la territorial (...) ¡pero nosotros no vamos a llevar a la gente del barrio a charlar cosas elevadas desde lo pedagógico, desde lo filosófico que ni saben de qué se trata ni les interesa! (...) si a veces cuesta que vayan a una acción para* [reclamar los planes de] *la cooperativa menos van a ir a discutir con los universitarios sobre si la educación popular tiene que tener tal contenido o tal otro.* (Eugenia, entrevista 09/2011).

En medio de estos debates se tensionaba finalmente, el argumento mismo de la "necesidad educativa insatisfecha" que se esgrimía tantas veces en los ámbitos de negociación ante los funcionarios estatales:

> *(...) la necesidad que ellos* [los militantes territoriales] *dijeron que habían detectado para abrir el Bachillerato era que no había una secundaria en el barrio (...) pero una cosa es no tener el secundario, y otra cosa es tener la necesidad de un Bachillerato Popular.* (Melisa, educadora, entrevista 09/09/2011).

Lo que se escondía detrás de esta tensión era que, para unos y otros, el Bachillerato no significaba lo mismo (y, en ese sentido, "educación popular" no era tampoco un término equivalente desde las dos perspectivas). Al correrse los militantes territoriales del ámbito del Bachillerato las expectativas y sentidos de los educadores habían podido expandirse a sus anchas y se habían encontrado con una realidad que les resultaba contradictoria con sus propias expectativas y sentidos políticos en torno a esta experiencia educativa:

> *Yo me preguntaba (...) ¿hasta qué punto podíamos dialogar y hacer un intercambio entre lo que nosotros pensábamos que debía ser el Bachillerato como profesores y lo que pensaban los estudiantes? Un día les dijimos* [rememora diálogo con los estudiantes]*:*
> *— ¿Ustedes notan diferencias entre el Bachillerato y las otras escuelas a las que fueron?*
> *— Sí, acá podemos hablar más con los profesores, no nos retan.*
> *— Pero en los contenidos, en lo que aprendemos en clase, ¿no notan diferencias?*
> *— No (...).*
> *— ¿Y los carteles de Darío y Maxi que están en las paredes? ¡Eso es algo diferente con la escuela!*
> *— Los carteles nos molestan.*
> *Ellos necesitaban un colegio, no necesitaban un Bachillerato (...) el contenido de la educación popular como lo entendíamos nosotros no estaba dentro de este proyecto.* (Melisa, educadora, entrevista 09/09/2011).

Para los militantes territoriales, desde sus propias trayectorias políticas, un diálogo como éste con los estudiantes –como éste que reconstruía Melisa– no resultaba contradictorio en relación a sus propias expectativas en torno de esta experiencia educativa. Sin embargo, quienes habían sabido construirse como militantes/referentes territoriales precisaban de los activistas educativos por diversos motivos. En primer lugar, porque no podían llevar adelante un proyecto educativo de la magnitud del Bachillerato solos: es decir, sin articular con sectores que poseyeran saberes y trayectorias formativas desde las que desarrollar una actividad docente y credenciales educativas desde las que certificar como válido –sobre todo ante el Estado– su desempeño como educadores. Pero además porque la articulación con otros sectores (fundamentalmente, con los sectores de activistas provenientes del ámbito estudiantil) era un objetivo de *acumulación* o de construcción política en sí mismo, tal como vimos en el capítulo anterior a propósito del surgimiento del Frente en el año 2004.

La disolución del Bachillerato era, en ese sentido, símbolo de un terreno en el cual estos experimentados militantes territoriales no habían podido *hacer*: la angustia frente a esta imposibilidad no tenía expresión más cabal que el llanto con que Eugenia había recibido mis preguntas sobre la disolución del Bachillerato unas semanas después, en el hall de su casa. La mujer pareció sensibilizarse principalmente cuando le pregunté cuál sería el destino educativo de los tres estudiantes que habían llegado hasta el final de los días de vida del Bachillerato. Me contó que los había llamado y los había buscado, pero no querían saber nada con ella ni con ninguno de los otros profesores. Mientras hablábamos, el teléfono fijo de la casa sonaba. Eugenia fue a atender: "*no, no existe más el Bachillerato*", escuché que dijo: "*¡Encima me sigue llamando gente que quiere terminar la secundaria para ver si se puede inscribir en el Bachillerato, es una pesadilla!*", me explicó al volver.

Había, en la zona, quien necesitaba aún de una escuela secundaria de jóvenes y adultos. Había una "necesidad educativa insatisfecha" pero eso no era todo lo que se necesitaba para emprender (o, en este caso volver a emprender) la apertura de una experiencia educativa como el Bachillerato Popular. Porque precisamente, el Bachillerato era más que una respuesta civil a una demanda educativa no atendida por el Estado: era también un intento de construcción política que buscaba articular una diversidad de concepciones educativas y políticas para dar vida a una experiencia colectiva determinada. Ese intento no había, en este caso, prosperado.

*

En el año 2015 –momento en que escribí las páginas de este capítulo– se contaban por varias decenas a lo largo del país las experiencias educativas de jóvenes y adultos impulsadas por movimientos sociales y auto-identificadas como Bachilleratos Populares. Habiendo desde hace tantos años un número tan importante de experiencias educativas de este tipo en marcha, ¿no pierde acaso sentido el análisis de –precisamente– una que no se sostuvo más que algunos pocos años? Retomando la idea de "caso límite" propuesta por Carlo Ginzburg considero que sí tuvo sentido detenerme en el análisis de esta experiencia, en tanto

> *(...) de la cultura de su época y de su propia clase nadie escapa* [porque estas representan] *un horizonte de posibilidades latentes (...) en conclusión: también un caso límite (...) puede ser representativo.* (Ginzburg, 1999, p. 18).

En ese sentido cobijo la certeza de que en el Bachillerato Popular de Córdoba, y a pesar de su corta vida y su conflictivo final, se desarrollaron múltiples procesos políticos y educativos que pueden guardar diversos grados de similitud con los procesos de fundación y desarrollo de otros Bachilleratos Populares en otras latitudes del país. La indagación en la cotidianeidad de esta experiencia, la observación de sus clases y asambleas, el análisis de los múltiples documentos producidos en sus breves tres años de existencia y las numerosas entrevistas que realicé tanto durante su existencia como con posterioridad a su cierre resultan, desde mi punto de vista, una documentación necesaria de una experiencia político-educativa compleja pero sumamente valiosa: en ella se tramaron voluntades, expectativas, esfuerzo sostenido, apuestas políticas y pasiones múltiples. Y también, como en toda experiencia humana, yerros y desencuentros, frustraciones y tensiones, enojos y contradicciones. Apuesto a que el análisis que intenté realizar de manera minuciosa y buscando despegarme –con mayor o menor éxito– de la reproducción de estereotipos o romantizaciones esencialistas pueda otorgar herramientas para construir, sostener o mejorar otros Bachilleratos Populares existentes.

CAPÍTULO III

El espacio FinEs Primaria. Apropiaciones de un programa educativo oficial y construcción de sentidos políticos diversos

I. Presentación

En este capítulo indago en la experiencia educativa enmarcada dentro del plan educativo FinEs Primaria y desarrollada en el contexto del Movimiento. En primer lugar, analizo el proceso por medio del cual una experiencia educativa previa –realizada de manera "informal"– pasó a enmarcarse en el programa FinEs primaria, indago en las transformaciones que ese nuevo encuadre supuso y en la interrelación de esas transformaciones con otras políticas estatales presentes en el contexto del Movimiento. En segundo lugar, puntualizaré en los múltiples procesos de apropiación que realizaron respecto de distintos elementos presentes en la normativa del plan quienes se desempeñaron como educadores de esta experiencia educativa. Por último, me detengo en la exploración de los múltiples sentidos (incluidos algunos de orden político) desde los cuales significaban su inclusión en esta experiencia educativa las mujeres que participaban en ella como estudiantes.

II. *Entrar al Plan.* Del patio de Luz al local del Movimiento

Cuando el Bachillerato Popular estaba en su segundo año de funcionamiento –aún en barrio Olimpia– comenzó a formarse en Villa Los Álamos un espacio educativo para adultos con baja o nula escolaridad. Esta actividad se realizaba los sábados por la tarde en el patio de la casa de Luz, una pobladora de la villa que era reconocida en el lugar como referente territorial del Movimiento. Allí, sobre un tablón al aire libre, Eugenia, José y Hugo (todos ellos militantes del Movimiento pero a quienes he identificado con distintas identidades militantes) enseñaban a leer, a escribir y a realizar operaciones matemáticas, mientras patos y gallinas corrían sobre el piso de tierra y entre los pies de los presentes. El grupo de estudiantes era reducido, de no más de seis o siete personas. Se trataba de personas que participaban asiduamente de las movilizaciones a las que las convocaba el

Movimiento y/o formaban parte de las actividades productivas cooperativas que se mantenían con subsidios estatales gestionados o bien a nivel provincial o bien a nivel nacional.

En función de los recorridos que Eugenia y Gastón realizaban por los ámbitos ministeriales para "gestionar" planes sociales o recursos varios (y sobre los que volveré en el próximo capítulo) los militantes tomaron conocimiento del plan educativo FinEs Primaria lanzado por el Ministerio de Educación Nacional en convenio con los ministerios provinciales. Como vimos en el capítulo I, la normativa de este plan estipulaba que podía ser implementado por organizaciones civiles y no necesariamente dentro de una escuela oficial para jóvenes y adultos. Estas experiencias "no escolares", una vez que quedaban inscriptas, eran registradas como aulas anexas de alguna escuela próxima de jóvenes y adultos que funcionaba como institución "base" de los anexos.

Fue hacia mediados de 2010 que, aludiendo al deseo de otorgar un certificado de primaria finalizada a quienes participaban anteriormente en las clases dictadas en el patio de la casa de Luz, Eugenia, Hugo y José decidieron "entrar" al plan FinEs:

> *(...) en el imaginario colectivo está bueno terminar la primaria, es un orgullo (...) para nosotros obviamente que era mucho más fácil ir los sábados* [al patio de Luz] *con más tiempo, más relajados (...) pero lo hicimos* [la inscripción en el plan] *por eso, para que la gente tenga el primario completo.* (Hugo, entrevista 15/09/2010).

A partir de entonces, el espacio educativo desarrollado en el patio de la casa de Luz quedó inscripto como aula anexa de una escuela de jóvenes y adultos ubicada a unas cuarenta cuadras de Villa Los Álamos. La selección de esa institución como escuela base fue sugerida por parte de una inspectora de la Secretaría de Educación de Adultos de la provincia de Córdoba, quien estaba por ese entonces a cargo del desarrollo del Plan FinEs Primaria en la ciudad:

> [La inspectora] *me dijo que por nuestro perfil le parecía que podíamos andar bien con esa escuela (...) porque el director es piola.* (Eugenia, entrevista 15/10/2012).

El ingreso al plan supuso ciertas transformaciones en la dinámica cotidiana de las actividades educativas tal como éstas se venían desarrollando en el patio de la casa de Luz. El primero y más visible de estos cambios fue el relativo al espacio físico donde se desarrollaban las clases. Al poco tiempo de iniciarse la inscripción oficial, las clases fueron trasladadas al local que el Movimiento poseía en barrio Concepción, a unas cuatro cuadras de Villa Los Álamos. Este local estaba sobre una calle asfaltada –como todas las de barrio Concepción– y constaba de una habitación con ventanal a la calle y un baño compartido con la casa de al lado, donde vivía la persona que le alquilaba el sitio al Movimiento. En este lugar se realizaban una gran cantidad de actividades, tanto de las identificadas como "educativas" como aquellas definidas como "territoriales".

Los motivos de la mudanza a este local respondieron a varias razones. Una de ellas, fue la búsqueda por consolidar el lugar como referencia zonal de la organización, más allá de los límites de Villa Los Álamos. Aunque Concepción estuviera situado a solo unas pocas cuadras de ésta, era un barrio ubicado entre varios espacios significativos para el Movimiento, tales como barrio Olimpia –donde se había abierto el Bachillerato, donde vivían Eugenia y Gastón–, Villa Los Álamos –donde se habían iniciado las actividades "territoriales" de la organización– y la villa El Sauzal, otro asentamiento irregular de la zona en el que había algunas personas que solían movilizarse con el Movimiento y participar de algunas de sus actividades.

En ese sentido, trasladar actividades de Villa Los Álamos al local de Concepción era un modo de aglutinar personas de diferentes barrios en un punto geográfico intermedio y centralizado, lo que permitía al mismo tiempo ampliar el radio de acción del Movimiento más allá del primer barrio o villa donde éste había iniciado sus acciones. De hecho, una vez que la mudanza al local se efectivizó, aparecieron nuevas mujeres que quisieron sumarse al espacio FinEs primaria: mujeres mayores, que vivían en Concepción, que se dedicaban al trabajo doméstico en sus propios hogares y/o eran jubiladas de otros empleos, y que no habían tenido, hasta entonces, ningún contacto con el Movimiento; se habían enterado del funcionamiento de este espacio educativo en virtud de los afiches oficiales del plan FinEs que los educadores habían pegado en la puerta del local, indicando que allí se dictaban clases del mismo.

El traslado físico de las clases del patio de Luz al local de barrio Concepción indicaba entonces también un nuevo desplazamiento social en la actividad política cotidiana del Movimiento. La *olla popular* con que se había iniciado su intervención en Villa Los Álamos no era una actividad del mismo tipo que el sostenimiento de un "aula anexa" de una escuela primaria. La actividad educativa representaba la posibilidad de acercar nuevos vecinos al Movimiento, vecinos que no pertenecían al exacto mismo sector que los migrantes norteños del asentamiento irregular. Tal como relataba José, militante del Movimiento y que participaba de la experiencia como educador:

> *Es más fácil que los vecinos de la villa vengan para acá* [al local en barrio Concepción] *(...) pero los de acá no sé si se meterían en la villa para tener clases.* (José, Reunión del Espacio de Educación, 21/05/2011).

Pero la inscripción en el FinEs y el traslado a Concepción no supusieron solo nuevas incorporaciones estudiantiles sino también el ingreso de otros activistas educativos interesados en dictar clases de primaria para adultos.

Además de Hugo, José y Eugenia se sumaron al espacio FinEs algunas personas que eran profesores en el Bachillerato Popular y también otras que se incorporaban por primera vez a actividades educativas del Movimiento. Aunque aquí también hubo cierta rotación de educadores, esta fue mucho menor que en el Bachillerato Popular. Llegaron a ser nueve las personas que se desempeñaron como docentes en este espacio aunque no de manera simultánea: el grupo de educadores estaba conformado por entre cuatro y cinco personas que se dividían entre sí para dictar –o bien en solitario o bien en parejas– las clases correspondientes a cada área curricular del Plan.

En paralelo a estas nuevas incorporaciones estudiantiles y docentes, la mudanza de las clases desde la casa de Luz al local del Movimiento se tramó también con otro proceso: una vez inscripta esta práctica educativa informal dentro del FinEs, habían llegado una serie de objetos materiales (mapas, pizarrones, tizas, un globo terráqueo, manuales de ejercicios y útiles escolares, entre otros) enviados por la Dirección General de Educación de Adultos de la provincia. Estos objetos precisaban de un espacio propio y seguro donde ser guardados, donde no corrieran riesgo de mojarse, perderse o ser robados y la casa de Luz no podía garantizar ese resguardo.

A estos objetos se sumaron, además, una decena de pupitres donados al Movimiento por el secretario del Ministro de Educación provincial, funcionario con el que se mantenían diálogos continuos al menos durante la primera mitad del año y a propósito de la gestión de recursos para los niños y niñas en edad escolar[1]. Se trataba de viejos bancos desechados de escuelas públicas de la provincia por la antigüedad y rigidez de su diseño. "*Si te fijás bien, uno de los pupitres tiene un grafiti hecho por Sarmiento*[2]", bromeaba Gastón en alusión a la antigüedad de los bancos donados.

Como estos bancos eran grandes, ocupaban parte importante del espacio disponible en el pequeño local. Se convirtieron, de hecho, en las sillas utilizadas por quienes llegaban al lugar por distintos motivos: ya fuera quienes asistían a confeccionar prendas en la cooperativa textil, quienes asistían a una reunión de referentes territoriales o quienes asistían al local del Movimiento por cualquier otro motivo. De hecho, en reiteradas oportunidades, observé que algunas de las mujeres que eran estudiantes del espacio FinEs pasaban por la puerta y, al ver gente adentro sentada en los pupitres, entraban a preguntar si se estaban "*dando clases*" ya que veían los bancos ocupados.

Los pupitres, la pequeña estantería donde se guardaban los manuales del FinEs, los pizarrones y los grandes mapas colgados de las paredes cambiaron en parte el paisaje cotidiano del local del Movimiento. Hasta

---

1 Volveré en el próximo capítulo sobre la demanda de útiles y sobre la figura de este Secretario y su vínculo con el Movimiento.

2 Domingo Faustino Sarmiento (1811-1888) fue un político, escritor, docente, periodista, militar y estadista argentino. Su obra cimentó las bases del sistema educativo moderno en Argentina.

entonces, este había estado dominado por los objetos pertenecientes al sector territorial de la organización, tales como banderas, banderines, pecheras y estandartes utilizados durante las marchas o bien por los objetos que correspondían a la cooperativa textil del Movimiento (máquinas de coser, telas, hilos, moldes, tijeras, mesas, entre otros). También estaban presentes en el local los alimentos no perecederos que le eran enviados al Movimiento –cada mes y medio– desde el Ministerio de Desarrollo Social de la Nación. Estos alimentos habían sido gestionados por el *Frente* en provincia de Buenos Aires y eran enviados en un camión mensualmente a Córdoba, descargándose en el local y repartiéndose luego de las movilizaciones a quienes acudían a las mismas[3].

Cuando una partida de alimentos acababa de llegar desde Buenos Aires, los alimentos se apilaban contra una de las paredes del local reduciendo el espacio del mismo, lo cual comprimía el área que se utilizaba para dictar clases. Estudiantes y docentes se sentaban más cerca del pizarrón y, detrás de ellos, se apilaban los alimentos no perecederos en altas columnas cuya altura descendía a medida que se efectuaban los sucesivos repartos entre los participantes de las movilizaciones.

Luego de algunos meses, comencé a observar que las estudiantes que asistían al espacio del FinEs primaria también comenzaron a percibir "bolsones" confeccionados con estos alimentos no perecederos. Se trataba de una iniciativa que había tenido Gastón pero que había sido consensuada con las demás referentes territoriales del Movimiento:

> *Lo charlé con las referentes del sector territorial y nos pareció que estaba bien, porque puede ser un estímulo para que vengan a clase y cumplan con la asistencia.* (Gastón, Registro de Observación 05/11/2010).

Como vemos, el tema de la asistencia estudiantil se volvía a hacer presente aquí también, tal como vimos a propósito del Bachillerato. Sin embargo, esta cuestión no constituía en el espacio FinEs Primaria una preocupación docente recurrente o que generara debates al interior del plantel: las mujeres asistían asiduamente a clases y, como el propio Gastón reconocía, la entrega de alimentos no venía a solucionar un problema sostenido de asistencia sino a *estimular* la misma. Y ese estímulo se daba en función de los criterios propios del sector territorial del Movimiento: el criterio de *dar a quien participa* (de una movilización, de las clases). Este principio se aplicaba tan rigurosamente que las mujeres que participaban de las movilizaciones del sector territorial y eran también estudiantes del FinEs recibían dos bolsones por mes: uno por movilizarse y otro por asistir a clase.

---

3 En el próximo capítulo volveré sobre la cuestión del reparto de los alimentos a propósito de los saberes cotidianos de la militancia territorial apropiados por Gastón y Eugenia.

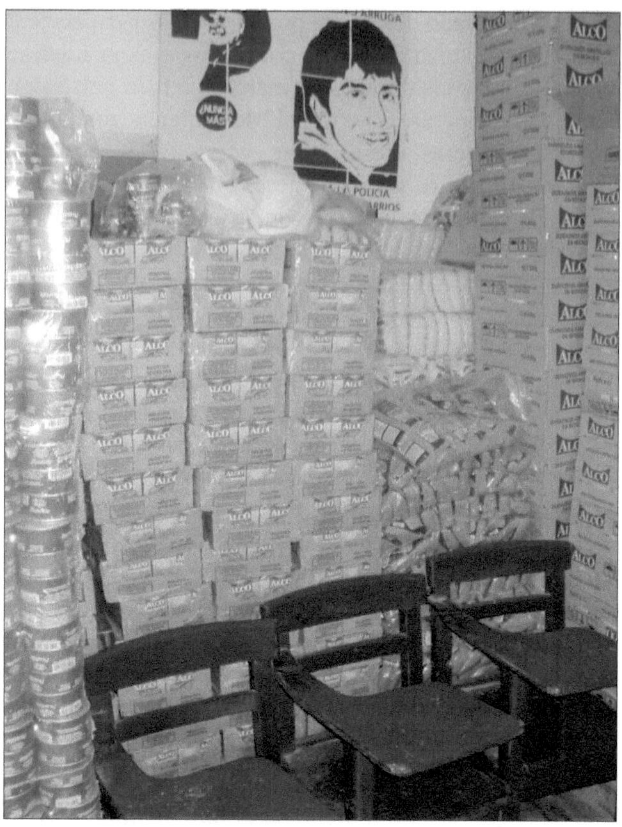

Pupitres otorgados por el Ministerio de Educación provincial y utilizados para las clases de FinEs primaria. Detrás, las pilas de alimentos no perecederos obtenidos del Ministerio de Desarrollo de la Nación.

Pero al mismo tiempo, Eugenia y Gastón propusieron que este principio abarcara también a los educadores y educadoras del espacio, ya que al igual que las estudiantes, estos/as asistían semanalmente a dictar clases. Durante el reparto de alimentos, siempre consultaban si alguno/a de los/as "profes" se iba a llevar también su bolsón. Y si bien en algunas ocasiones hubo algún/alguna "profe" que aceptó la oferta, la percepción de alimentos nunca se volvió –contrariamente a lo que ocurría con las estudiantes del espacio– una práctica sistemática entre los educadores y las educadoras. "*A mí me da cosa, no sé (...) yo no lo necesito tanto como las mujeres* [estudiantes]", me confió Sara, una de las docentes en un viaje compartido en ómnibus, de regreso desde Concepción al centro de la ciudad.

La incomodidad de Sara frente a la propuesta de Eugenia y Gastón, así como el registro de lo asistemático de la práctica docente en la percepción de estos bolsones, señalaban para mí aquí también –aunque de manera mucho más atenuada que en el universo del Bachillerato Popular– la existencia de identidades políticas diversas entre quienes participaban como docentes en esta experiencia. Mientras que una educadora como Eugenia, cuya identidad política se había forjado en el ámbito de las actividades territoriales, jamás habría mostrado indiferencia frente a los bolsones alimentarios –y no tanto por necesidad si no por evidenciar unas condiciones de vida compartidas con los pobladores del lugar– los educadores que se incluían como activistas educativos de estas experiencia –y fueran o no integrantes del Movimiento– se incomodaban por tomar un alimento que otro/a –las estudiantes, las vecinas y vecinos de Villa Los Álamos o Concepción– pudiera llegar a necesitar más que ellos/as.

El análisis del proceso de desplazamiento y de la materialidad cotidiana del espacio FinEs primaria que vimos a lo largo de este apartado invita a situar al mismo como una experiencia intermedia entre las actividades territoriales y las educativas: como actividad surgida en el seno del sector territorial –en el patio de la casa de Luz, en plena Villa Los Álamos– pero enmarcado en la apuesta del Movimiento por las actividades educativas; como espacio desplazado de la villa en vistas a resguardar el material didáctico pero también para reforzar al local como punto de referencia hacia otros nuevos actores sociales; como nuevo universo de vinculación con activistas educativos (aunque en número menor que en el Bachillerato) pero en donde está presente como educadora una militante como Eugenia, a quien inscribí en la generación de militantes territoriales; como sitio donde –al menos materialmente– sujetos, bolsones y pupitres se encontraban y se vinculaban.

Además, la presencia de estos objetos materiales daba cuenta del solapamiento del Programa FinEs Primaria con otras políticas y acciones estatales que atravesaban la cotidianeidad del Movimiento, tales como los pupitres de "descarte" donados por el Ministerio de Educación provincial, las máquinas de la cooperativa textil provenientes de los subsidios del Ministerio de Trabajo de la Nación, o los bolsones de alimentos gestionados por el Frente con el Ministerio de Desarrollo a nivel nacional. Algunas de esas actuaciones, inclusive, podían ser contradictorias entre sí, o al menos ambiguas: mientras que el diseño del programa establecía, por ejemplo, que éste era semi-presencial, el secretario del Ministro de Educación donaba bancos para armar una especie de aula en el local de la organización. Otras se solapaban, entrecruzando sus sentidos: la asistencia a las clases de un programa educativo quedaba asociada a la percepción de un bien proveniente de una política social (el bolsón de alimentos) que era regulada además en función de los criterios propios del sector territorial ("*dar a quien participa*").

En síntesis, al observar la cotidianeidad de esta experiencia educativa era posible señalar, por un lado,

> *(...) la complejidad y lo desordenado de los procesos de formulación de políticas, en particular las maneras ambiguas y a menudo disputadas en que las políticas son promulgadas y recibidas por la gente, por decirlo de alguna manera, "en el terreno".* (Shore, 2010, p. 29).

En el contexto del Movimiento, a su vez, esa complejidad estaba configurada no solo por las políticas y recursos que habían sido demandados previamente a partir de movilizaciones, demandas y gestiones del sector territorial (y tanto por el Movimiento en Córdoba como por el Frente a nivel nacional). Si no también por los sentidos políticos que provenían de este sector –y de la identidad militante forjada por Eugenia y Gastón como referentes del mismo– y que se hacían presentes de diversos modos en la cotidianeidad educativa de esta experiencia. Aunque estos sentidos no provocaran aquí tantas tensiones como vimos a propósito del Bachillerato Popular, tampoco configuraban completamente lo que sucedía en esta experiencia a nivel educativo. Las apropiaciones de los educadores y educadoras sobre los modos de desarrollar el plan FinEs fueron múltiples y desbordaron, como toda experiencia educativa en su dimensión cotidiana, los lineamientos educativos prescriptos estatalmente.

III. Procesos de apropiación docente respecto de la propuesta del plan FinEs primaria

Módulos, tutores, tutorías, exámenes, afiches del gobierno, plazos de evaluación fueron algunos de los nuevos términos que comenzaron a circular entre los educadores una vez que la actividad realizada anteriormente en el patio de la casa de Luz pasó a enmarcarse como aula anexa del plan FinEs primaria. Si bien durante los primeros meses de esta experiencia era posible escuchar que los educadores manifestaran temor de quedar constreñidos por una dinámica educativa que les era ajena y con la que no acordaban, el abordaje etnográfico sostenido a lo largo del tiempo permitió reconstruir una trama compleja de apropiaciones y reformulaciones realizadas por los educadores y las educadoras sobre esta política pública, lo que daba cuenta de la misma como una co-construcción entre diversos actores sociales aunque en el marco de relaciones de hegemonía que les otorgan diferenciales posiciones de poder (Achilli, 1998)[4].

La propuesta oficial del plan FinEs primaria se estructuraba fundamentalmente en torno a un trabajo "semi-presencial", apoyado en el uso de una serie de libros conocidos como "manuales" o "módulos". Estos eran libros de texto y ejercitación tamaño oficio, anillados y a color. Cada uno representaba un área curricular: Matemática, Lengua, Cs. Naturales, Cs. Sociales y Tecnología. Estos manuales –que eran en el año 2011 prácticamente los mismos que se utilizaban durante el Plan de Terminalidad Educativa en la

4 La conceptualización sobre *políticas públicas educativas* que ofrece Achilli sostiene que éstas son tanto el conjunto de actuaciones estatales –y, por lo tanto, hegemónicas– como las actuaciones de los distintos sujetos implicados en esas políticas –docentes, cooperadores, padres/madres o grupos étnicos– "*las que, en una dialéctica con las anteriores, pueden reforzarlas, rechazarlas, confrontarlas*" (Achilli, 1998, p. 3).

década de 1990[5]– cumplían, según el diseño oficial del programa, un rol fundamental en la propuesta pedagógica: "[los manuales permitirán] *que el maestro pueda conducir el proceso de enseñanza-aprendizaje, establecer desde su rol de tutor etapas de estudio a partir de la organización de un plan de trabajo que no requiera la asistencia diaria a la escuela*", aclaraba el Documento para Maestros-Tutores FinEs Primaria (2009, p. 7).

La primera pista para advertir la dinámica particular que adquiriría la modalidad educativa en el contexto del Movimiento surgió a propósito de la visita de una inspectora de la Dirección de Educación de Jóvenes y Adultos y a pocos días de haber ingresado al plan. La funcionaria había coordinado con Eugenia una visita al local para llevarle los papeles que documentaban la inscripción y los primeros manuales del programa. Al llegar al lugar, y estando reunida tanto con ella como con las mujeres/estudiantes, la inspectora explicó las características del programa. Entre otras cosas, mencionó que se trataba de un plan educativo "*que lo pueden hacer casi a distancia, en la casa, trabajando con los manuales*".

También en el memo 19/10 de la Dirección General de Enseñanza de Adultos de la provincia –el cual se entregaba a las aulas anexas a manera de marco normativo– se mencionaba que la modalidad educativa semi-presencial apoyada en los manuales debía permitir completar el dictado del programa en seis meses. En ese lapso se consideraba que los y las estudiantes podían completar los ejercicios contenidos en los manuales con la orientación esporádica de los/as maestros/as tutores/as y rendir un examen para obtener su certificado de escolaridad primaria completa.

Educadores y educadoras del espacio –tanto externos al Movimiento como integrantes del mismo y, dentro de estos, fueran de la generación militante que fueran– se resistieron a la modalidad semi-presencial propuesta oficialmente. Los motivos de esta resistencia se basaban en sentidos educativos y políticos de distinto orden pero que convergían todos al sostenimiento de un cursado presencial. Eugenia, por ejemplo, sostenía:

> *¡Es que no es lo mismo* [una modalidad que otra]*! (...) porque en realidad el objetivo que tenemos es de socialización (...) hacer semi-presencial implica que toda la charla que puede haber sobre un tema se pierde (...) si vos decís* [simula charla con estudiantes] *"vamos a hablar sobre el 25 de mayo (...) ¿Qué opinás vos? ¿Y vos?" si no vienen, todo ese debate se pierde (...).* (Registro de Reunión del Espacio de Educación nº2, 26/02/2011).

Por su parte Sara (educadora que no pertenecía al Movimiento) explicaba que desde su punto de vista, la modalidad semi-presencial era inviable en términos pedagógicos:

---

5 La delimitación de estas áreas corresponde al año 2010. Posteriormente se realizaron modificaciones en las mismas.

Yo lo que veo acá es una gran dificultad para resolver solas tantos temas y ejercicios. A lo sumo puede ser dado de tarea, pero después de haberlo visto en clase (...) ¡son cosas difíciles![6]. (Sara, educadora plan FinEs, Registro Encuentro de Educadores, 26/03/2011).

En función de estos sentidos, el programa se desarrolló a partir de un dictado presencial que constó de tres clases por semana, de dos o tres horas cada una de ellas. Cada educador/a se encargaba o bien en solitario o bien en pareja de alguna de las clases semanales. Un día se destinaba para Lengua, otro para Matemática, otro para Cs. Sociales. Es decir que las "materias" que se respetaban respondían a tres de las áreas o materias propuestas por los manuales oficiales: Lengua, Matemática y Cs. Sociales.

El desarrollo del programa bajo esta modalidad no provocó ningún inconveniente con la inspectora a cargo del mismo. En sintonía con la ausencia de menciones a controles o supervisiones en la normativa del plan, la inspectora no realizó más que aquella primera visita al local del Movimiento. Un tiempo después, cuando fue promovida a otro cargo, la mujer que la reemplazó en su puesto tampoco visitó el lugar: solo sostuvo una reunión con Eugenia en la Dirección de Educación de Adultos de la provincia y no realizó ninguna objeción al desarrollo presencial del programa (Registro de Observación, reunión DGEA, 14/09/2010). Tampoco ejerció ningún papel contralor el director de la escuela base a la que pertenecía el espacio FinEs del Movimiento, si no que por el contrario ayudó algunas veces a Eugenia a conseguir manuales faltantes. En este sentido, los funcionarios estatales y el diseño oficial del plan no fueron más que referencias relativas e intermitentes, demostrando que el Estado no siempre es extremadamente denso, centralizado y efectivo en su hacer cotidiano (Roseberry, 2007).

El desarrollo de las clases y la selección de los contenidos fue estructurado en gran medida por los manuales oficiales, e inclusive más allá de que los educadores y educadoras muchas veces anhelaban producir un material de trabajo propio, "*como una cartilla para ver más las cosas que nos interesan a nosotros*", según decía Hugo. Aunque complementando estos libros oficiales con otros materiales (como extractos de obras literarias, artículos periodísticos o películas) los educadores y las educadoras solían valorarlos en distintas oportunidades:

---

6 Es interesante señalar en este punto que las consideraciones de los educadores y las educadoras respecto de las "dificultades" del trabajo autónomo de las estudiantes coinciden con análisis pedagógicos sobre los formatos semi-presenciales, tales como los realizados por Misirlis (2009). Esta autora señala que la utilización de estos formatos en programas de nivel primario para adultos –es decir, dirigidos a la población con menor trayectoria en el sistema educativo– los vuelve solo accesibles a un tipo de destinatario: aquel que pueda sostener una rutina de estudio en la que el aprendizaje autónomo es el mayor componente. Se trata de una realidad poco extendida entre la población con escolaridad primaria incompleta.

(...) a mí lo que me permite el manual es organizarme (...) porque si no empiezo en una cosa y termino dando cualquier otra. (Sara, Registro Encuentro de Educadores, 26/03/2011).

(...) con el módulo del FinEs podemos ir estructurado (...) das numeración, esto, lo otro, lo otro (...) lo explicás y ellas [las estudiantes] *lo pueden seguir sin problema (...).* (Eugenia, Registro Encuentro de Educadores, 26/03/2011).

(...) aunque podamos armar otro material es importante [usar] *los módulos (...) así* [las estudiantes] *sienten que avanzan (...) que recorrieron los temas y lo que empezaron lo van haciendo y lo terminan.* (Hugo, Registro Encuentro de Educadores, 26/02/2011).

Cubierta de uno de los Manuales o Módulos del Plan FinEs primaria utilizados cotidianamente en el local del Movimiento.

Es posible advertir que la valoración radicaba principalmente en el hecho de que los manuales "organizaban" y "estructuraban" la tarea docente y el aprendizaje estudiantil, motivos similares a los expresados en torno a los programas oficiales en el Bachillerato Popular. No obstante, el apego de los educadores y las educadoras a los materiales oficiales también era explicado en función de la creencia de que éstos condensaban los contenidos que serían evaluados por el Ministerio de Educación provincial para tomar los exámenes finales (y mediante los cuales las estudiantes accedieran a las certificaciones educativas del programa).

Sin embargo, al acercarse el cierre del primer semestre en el cual se desarrollaron las clases, el plantel docente comprendió –a partir de un hecho puntual– que serían ellos/as mismos/as quienes decidirían cuándo y cómo "graduar" a las estudiantes:

> ***Eugenia:*** *Quiero contarles algo (...) ayer me llamó desesperado Luis* [director de la escuela base de jóvenes y adultos] *preguntándome si teníamos alguien que egresaba (...). Le habían dicho desde el ministerio que pusieran egresados (...) "¿saben leer y escribir? Bueno, dale, firmá el certificado" dice que le dijeron a él (...) yo le dije "mirá, acá los manuales no están completos ni los contenidos agotados", nosotros no podemos decir "terminaron la primaria", porque es una cuestión ética digamos (...).*
> ***Sara* [educadora]:** *¡Están locos* [en relación a los funcionarios]*! es muy diferente el nivel de cada una (...) no hay forma de que hagan esto en seis meses (...).* (Registro Encuentro de Educadores, 08/12/2010).

En función de estas consideraciones, quienes oficiaban como educadores/as se resistieron a graduar a las estudiantes una vez transcurridos los primeros seis meses de clases. Por este motivo, volvieron a inscribir –una vez terminado el semestre– a las mismas mujeres como estudiantes del espacio ante el Ministerio. Aunque al principio tenían dudas de que les aceptaran esta re-inscripción, constataron que a pesar del plazo oficialmente estipulado y de la sugerencia ministerial de "graduar" a quienes supieran (solo) leer y escribir, pudieron hacerlo sin problemas. De hecho, terminaron por realizarla tres veces consecutivas durante un año y medio.

También en relación a la cantidad de educadores/as que participaron del espacio puede trazarse una diferenciación entre la propuesta oficial y el desarrollo cotidiano del plan en el contexto del Movimiento. El programa solo reconocía y pagaba oficialmente a un docente con título de maestro/a de grado cada 30 estudiantes. Por este motivo, y dado que solo Eugenia poseía este título, fue ella quien quedó inscripta como maestra-tutora del espacio ante el Ministerio de Educación provincial[7]. Sin embargo y como

---

7 Al estar oficialmente inscripta como maestra-tutora del espacio, Eugenia cobraba los 390 pesos argentinos mensuales (aproximadamente 99 dólares en ese entonces) que correspondían a los tutores del programa por una labor docente estimada en 6 hs. semanales. Dado que se trataba de un bono en "negro" (es decir, que no componía el salario formal del docente) la paga a los maestros-tutores de este programa constituye un nivel de precarización laboral mayor al de los planes de terminalidad educativa implementados en

ya vimos, fueron distintos/as los/as educadores/as que –sin estar inscriptos/as oficialmente– iban participando de la tarea educativa, tomando a su cargo el desarrollo de una u otra área curricular. Al dividirse las áreas y clases entre sí, cada uno/a podía profundizar en la preparación de las clases que correspondían a cada una de las asignaturas. Esta presencia de educadores/as no inscriptos oficialmente en el plan no debió ni siquiera ser justificada ante el Ministerio: por el contrario, se trató de una realidad que fue mencionada por Eugenia frente a la segunda inspectora que quedó a cargo del plan, la cual no presentó ninguna objeción a la misma.

En función de lo expuesto hasta aquí quisiera plantear que los modos en que los docentes de este espacio desarrollaron el plan FinEs dan cuenta de procesos simultáneos. Por un lado, expresan en su tarea una fuerte valoración por diversos sentidos educativos hegemónicos. Desde el inicio, vimos cómo los integrantes del Movimiento decidieron enmarcar la práctica educativa realizada de manera informal dentro del plan esgrimiendo como principal argumento la posibilidad de otorgar certificaciones educativas a las mujeres. También lo vimos a propósito de la centralidad que se les otorgó por parte de todos los educadores –fueran o no militantes y fueran de una generación o de la otra– a los manuales oficiales, a los contenidos y las asignaturas condensados en ellos en el desarrollo de las clases. La propia puesta en práctica de una modalidad presencial, estructurada en torno a los manuales oficiales y sostenida por el triple del tiempo estipulado oficialmente remite al modo de funcionamiento primordial del sistema educativo oficial: el del encuentro y la presencia sostenida entre docentes y estudiantes en el aula y alrededor de un libro de texto compartido.

Como ya plantee a propósito del Bachillerato, considero que esa valoración de los educadores respecto de (esa *relación mimética* con) los sentidos y prácticas propios del sistema educativo hegemónico no es sinónimo de "contaminación" pedagógica de estos espacios, ni una valoración irreflexiva por parte de los sujetos de aquello que "ya se conoce", ni una serie de "costumbres tradicionales" que deban ser poco a poco removidas. Existieron sentidos de distinto orden en virtud de los cuales los educadores y las educadoras decidieron utilizar los manuales del plan, sostener la modalidad presencial y extender los plazos de graduación de sus estudiantes: sentidos construidos activamente por los sujetos, en función de su experiencia con las estudiantes y en relación a criterios pedagógicos ("[así] *las estudiantes sienten que avanzan, que recorrieron los temas*"), políticos ("*si no vienen* [a clases] *todo ese debate se pierde*") y hasta éticos ("[si solo saben leer y escribir] *no podemos decir 'terminaron la primaria' porque es una cuestión ética*").

---

la provincia durante la década de 1990.Con ese dinero, pagado siempre con atraso y de manera intermitente, Eugenia había ido comprando equipamiento para el local que era continuamente utilizado durante las clases (un ventilador, una pava eléctrica, un equipo de mate, un radiograbador).

Eugenia junto a una estudiante en medio de una de las clases de Matemática del espacio FinEs Primaria.

En este sentido, y al igual que a propósito de toda implementación de una innovación educativa, el análisis cotidiano de la implementación del plan FinEs en el marco del Movimiento desmiente el supuesto de la relación lineal entre la formulación de una normativa y su ejecución: ésta se trata siempre de un proceso complejo, contextualizado e indeterminado en función de las apropiaciones que realizan sobre los diseños estatales los sujetos encargados de llevar adelante los programas y planes educativos (Ezpeleta, 2004).

En el caso del espacio FinEs esas apropiaciones docentes se construyeron no solo en relación a los lineamientos y objetos oficiales existentes sino también en relación a los intersticios dejados por la falta de control estatal o a las actuaciones estatales diversas y desconectadas en principio entre sí pero puestas a funcionar en conjunto en la cotidianeidad de este espacio educativo en concreto (tal como vimos en relación a la utilización de los viejos pupitres o de los bolsones alimentarios en el marco de las clases del espacio FinEs).

Por último, las apropiaciones que educadores y educadoras realizaron sobre el plan educativo se vincularon también con los sentidos de los y las estudiantes respecto de su inclusión en esta experiencia educativa. De hecho, si los educadores y las educadoras pudieron re-inscribir durante un año y medio como estudiantes a las mismas mujeres fue, en parte, porque los sentidos que éstas construían para estar allí trascendían (aunque no siempre del modo esperado por los/as educadores/as) las expectativas por obtener de manera rápida una certificación educativa. Detengámonos en esta cuestión en el próximo apartado.

IV. El llanto de Alegría. Sentidos estudiantiles en torno a la inclusión en el espacio FinEs primaria

Tal como me había sucedido respecto del Bachillerato, también en relación al espacio FinEs primaria me pregunté cómo se tramaban los sentidos educativos y políticos de los distintos sujetos comprometidos en estas experiencias. Mi preocupación buscaba profundizar en la existencia de esos sentidos para dar cuenta de un universo mucho más heterogéneo, relacional y controversial que aquel que, a mi parecer, se retrataba de modo homogéneo y romantizado desde la mayoría de los trabajos académicos sobre la temática.

Si bien he aludido hasta aquí de manera fragmentaria al grupo de mujeres que participaron de este espacio, quisiera puntualizar en algunas características generales del mismo. A lo largo del período en el cual se dictó el plan FinEs en el local de barrio Concepción asistieron a este espacio como estudiantes entre cuatro y siete mujeres, cuya edad oscilaba entre los 30 y 70 años. En promedio, estas mujeres habían cursado hasta quinto grado de escolaridad primaria durante su infancia. Tres de estas mujeres eran migrantes bolivianas, una era oriunda de la provincia de Salta (en el norte argentino) y el resto eran de la ciudad de Córdoba. Casi en su totalidad, estas mujeres se dedicaban al trabajo doméstico en sus propias casas, con excepción de dos de ellas que trabajan además como empleadas domésticas en casas de terceros.

Las estudiantes que provenían de Villa Los Álamos participaban asiduamente de las actividades del sector territorial del Movimiento (asistían a movilizaciones y formaban parte de la cooperativa textil). En cambio, aquellas que se habían sumado al espacio luego de su traslado desde el patio de Luz hacia el local de Concepción no tenían una experiencia previa con el Movimiento. Su inclusión en las clases del Plan FinEs constituía, de hecho, la primera vez que entraban en contacto con la organización. Tanto a propósito de unas como de otras yo me preguntaba qué sentidos construían en torno a su inclusión en una experiencia educativa "como ésta": ¿elegían estudiar aquí para *tener el primario completo* –en términos de los/as militantes– y a través de un plan de cursado más rápido que el de una escuela primaria para adultos/as? ¿Su participación era motivada también a través del otorgamiento del bolsón de alimentos? ¿Se identificaban políticamente con el Movimiento, con sus acciones, con los rostros del Che Guevara, de Darío Santillán, de Juana Azurduy o de Luciano Arruga que se exhibían en las paredes del local[8]? Construí algunas respuestas para estos interrogantes a partir del análisis de algunos eventos que tuvieron como protagonista a Alegría, una de las estudiantes del espacio.

Cuando ya hacía más de un año que se estaba dictando el plan FinEs en el local de barrio Concepción, Eugenia consensuó con el resto de los educadores y educadoras del espacio que invitaran a las estudiantes a viajar –junto a otras mujeres del sector territorial del Movimiento– a un Encuentro Nacional de Mujeres[9]. Pude presenciar el momento en el que, durante una clase[10], la militante cursó la invitación a las estudiantes. Les explicó que, participar de ese Encuentro, era una forma de conocer a otras mujeres "*que están en nuestra misma situación*" y reflexionar colectivamente "*sobre la violencia que muchas veces sufrimos las mujeres por parte de los hombres*".

Ese día, las mujeres no mostraron demasiado interés en el Encuentro ni mucho menos en las explicaciones dadas por Eugenia respecto del contenido del mismo. En cambio, varias de ellas sí se entusiasmaron con la propuesta que la militante traía a colación de la invitación: realizar una *feria de platos* (una venta de comida al público) para juntar fondos que, cuando llegara el momento de viajar al Encuentro, le permitiera a quien quisiera ir costearse su pasaje.

Las estudiantes comenzaron a proponer diversas recetas de tortas y comidas que querían preparar para la feria y a calcular cuánto cobrarían por cada porción, aunque ya sin volver a aludir al objetivo último de la feria. Sin embargo, observé que Alegría no se contagiaba del entusiasmo del resto de las presentes, y no emitía ninguna opinión ni sobre el Encuentro ni sobre el viaje ni sobre la Feria de platos. Solo en un momento de conversaciones superpuestas sobre los preparativos de la Feria ella deslizó en voz baja: "*Yo no puedo hacer nada (...). Mi hijo no me deja tiempo para hacer nada*". Al

---

8 Para referencias sobre la figura de Darío Santillán, ver capítulo I. Juana Azurduy (1780-1862) fue una militar independentista del Alto Perú que luchó en las guerras de independencia contra la monarquía española y por la emancipación del Virreinato del Río de la Plata. Luciano Arruga fue un adolescente argentino que estuvo desaparecido desde principios del año 2009 –luego de haber sido detenido por la policía bonaerense– hasta octubre de 2014, fecha en que su cuerpo fue encontrado enterrado como NN en un cementerio porteño. La lucha por su aparición con vida y, posteriormente, por la condena a sus torturadores y asesinos resultó un caso emblemático en la denuncia de los asesinatos de jóvenes pobres por parte de las mafias policiales de la Argentina.

9 El Encuentro Nacional de Mujeres es un encuentro feminista que se realiza anualmente en la Argentina desde el año 1986 y en distintos puntos del país. Tiene por objeto visibilizar las problemáticas de género que sufren las mujeres argentinas y las disidencias sexuales, así como debatir acciones para combatir y erradicar la violencia patriarcal.

10 Todas las citas textuales de campo de este apartado corresponden a registros de observación o a clases grabadas en las fechas 06/11/2010, 17/05/2011 y 13/09/2011.

escuchar el tenue comentario de Alegría recordé que yo había querido entrevistar a la mujer en dos oportunidades: como era oriunda de Bolivia, me había interesado conocer su inclusión en las actividades del Movimiento en el marco de su proyecto migratorio hacia Argentina. Sin embargo, en ambas oportunidades la mujer se había negado: la primera vez había argumentado falta de tiempo por las tareas de cuidado de su hijo; en la segunda ocasión, me había explicado que no podía acceder fácilmente a ser entrevistada: "*Tengo que pedirle permiso a mi marido para contestarte preguntas*", me dijo.

Si bien me resultaba sencillo vincular el desinterés de Alegría en relación al Encuentro de Mujeres y a la Feria de Platos con su resistencia a ser entrevistada –y enmarcarlo en una experiencia de género opresiva– me parecía llamativo cómo esto contrastaba con el gran compromiso que la mujer demostraba en relación al espacio FinEs. Ella era la estudiante que mejor asistencia registraba, la que siempre cumplía con las tareas y la única que venía con su hijo porque no tenía con quién dejarlo: preparaba para él un banco, le daba lápices de colores y hojas o traía algún juguete. El niño se entretenía entonces solo durante toda la clase, y su madre participaba sin interrupciones de la misma. Contrastando el interés y la dedicación de Alegría en las clases con su desinterés por la participación en la Feria de Platos (destinada a recaudar fondos para el Encuentro Nacional de Mujeres) hipoteticé que los sentidos de su inclusión en este espacio eran educativos –asociados a obtener una certificación educativa– y no políticos –asociados a sentidos como los que intentaba acercarle Eugenia a partir de la invitación a ese Encuentro–.

El equívoco de mi hipótesis comenzó a desplegarse solo unas semanas después, en una clase de Matemática también dictada por Eugenia. Las mujeres se encontraban realizando un plano en escala de la casa de cada una de ellas. Una vez finalizados los dibujos, Eugenia pedía a cada una que mostrara al resto la obra realizada:

> ***Eugenia*** **[mientras Alegría muestra al resto de la clase el plano de su casa]:** *Creo que todavía tenés espacio para hacer otra pieza en tu terreno (...).*
> ***Alegría:*** *No, no (...) no creo que agrande la casa porque no pienso vivir en Villa Los Álamos para siempre (...). Yo me quiero volver a Bolivia (...).*
> ***Susana*** **[otra estudiante]:** *¡Claro, porque allá tenés tus parientes! No estás sola como acá (...).* [Dirigiéndose al resto de la clase:] *yo a veces paso por la casa de ella y la veo solita, sentada en el patio o haciendo el asado, pero siempre sola (...).*
> ***Alegría*** **[después de un silencio]:** *Eso es feo (...) ¡es feo lo que me pasa! Me quedo sola porque no sé dónde ir (...). Mi marido está por ahí con sus hermanos y yo solita en la casa (...). Él no me dice "ven conmigo", me deja sola nomás (...). Y si salimos juntos cuando volvemos tengo que hacer todo yo (...). Nunca él va a hacer nada, nunca (...). Él mirando tele, yo cocinando, lavando, limpiando (...). A veces le*

digo: "ayúdame (...) no voy a poder terminar todo, ya está tarde para comer", "no, eso es para las mujeres" me dice él (...). Porque tiene miedo de ayudar, ni el asado hace[11]*(...).*
***Susana* [levantando la voz]:** *Noooo (...). ¡Eso no! ¡Eso no puede ser!*
***Teresa* [otra estudiante]:** *Es que cada casa es un mundo (...). Vos lo tenés que agarrar y le decís: "me siento mal, no tengo ánimo de hacer nada" (...) te vas, te acostás en la cama y te tapás hasta las orejas (...). ¡Te hacés la que llorás porque te duele algo! ¡Vas a ver si no se hace la comida!*
Alegría: *No, no (...) ¡él aguanta! ¡aguanta el hambre! (...). Antes se hacía el desayuno, pero desde la cesárea no más, no más (...).*
Eugenia: *¿Qué cesárea? ¿Qué pasó con la cesárea?*
Alegría: *Yo estuve con cesárea por mi nene (...). Sí o sí me tenía que ayudar a cocinar y a lavar porque yo tenía que hacer el reposo (...). Entonces él (...). Él salió al patio y sus hermanas le vieron que estaba colgando la ropa (...) y entonces vinieron a decirme: "¿por qué tienes que hacerlo lavar a tu marido? Eso es de mujeres (...)".*

En este punto de la conversación Alegría enmudeció, bajó la cabeza y comenzó a llorar. Primero de manera silenciosa, luego cada vez más fuerte. El resto de las mujeres también se quedaron calladas y pude ver cómo Eugenia, aunque lo intentaba, no podía contener que las lágrimas rodaran por su rostro. Unos segundos después, Susana rompió el silencio:

Susana: *¿Pero por qué tiene que pesar lo que dice la gente? ¡La gente no importa nada! A mí me lo gritan en la cara: "¿por qué lo hacés cocinar a tu marido?" (...) yo respondo "¡porque tiene que aprender! (...) Algún día se va a quedar solo o se va a separar y tiene que aprender". Él tiene que entender que vos no sos una esclava, que la esclavitud ya salió hace mucho, y que hoy en día hay que compartir, tanto el hombre como la mujer (...).*
Eugenia: *¡Alegría! ¡No tiene que importar lo que digan los demás! Porque los demás pasan y chusmean (...) ¡siempre es así! ¡Eso es el machismo, eso es el machismo! (...).*
Alegría: *Es que cualquier cosita lloro, lloro nomás (...). Pero en los últimos tiempos (...) ¡fuerte me pongo! ¿por qué tengo llorar?, me digo. Me voy a la cama, me pongo a mirar este libro* [el manual del FinEs] *y estoy estudiando (...). Y así voy elevando los pensamientos y ya me quedo tranquila (...).*

---

11 En Argentina es frecuente y hasta se encuentra bien visto en el marco de la cultura patriarcal que sean los varones de la casa quienes asan la carne: inclusive cuando ésta sea la única actividad culinaria que realicen y sean las mujeres con quienes conviven quienes se hagan cargo del resto de las tareas domésticas. Es posible que, por ser boliviano, el marido de Alegría no adscriba a la práctica de realizar los asados por considerarlo un acto culinario igual a cualquier otro y que forma, por lo tanto, parte de las tareas de las que se deben encargar las mujeres. Es por este motivo que Alegría explicita en su relato que su marido "*ni siquiera hace el asado*".

***María* [otra estudiante]:** *¡Eso! Y cuando te sientas sola venís para acá (...). Como hago yo que no quiero quedarme en mi casa sola, así que vengo.*
Susana: *Y si no venís para mi casa, que también estoy siempre sola (...). ¡Pero yo no me pongo a pensar cosas tristes como vos! Me gusta acomodarme el placard, ponerme a escribir (...). Yo escribo, escribo, escribo tirada en la cama (...) porque cuando termine acá las clases quiero escribir un libro con toda mi vida (...).*

No es posible afirmar rotundamente que si Alegría había elegido el espacio del FinEs primaria para llorar y compartir su pena era porque habían calado en ella las nociones acerca de la violencia de género que circulaban en torno a acciones como invitar a las estudiantes del espacio al Encuentro Nacional de Mujeres. Pero sí considero que el llanto de Alegría en clase indicaba que la mujer reconocía este espacio –tal vez, el único en su vida– como un lugar donde podía expresar los sentimientos que le despertaba su propia experiencia opresiva de género. En la conversación, sus compañeras y su educadora no solo la habían escuchado, sino que habían llorado junto a ella y se habían comprometido con su relato y con su dolor. Relatando y comparando las situaciones de unas y otras, las mujeres le habían ofrecido a Alegría marcos de interpretación para aquello que le ocurría ("*vos no sos una esclava*"; "*¡eso es el machismo!*") y estrategias cotidianas para hacer frente no solo a su angustia ("*cuando te sientas sola venís para acá*") sino también a los actos de violencia que sobre ella se ejercían ("*te acostás en la cama y te tapás hasta las orejas (...). ¡Te hacés la que llorás porque te duele algo!*").

La charla había ido exponiendo, además, los sentidos que podía adquirir para las mujeres su inclusión en este espacio: María asistía a clases para no quedarse "*sola en su casa*"; Susana asociaba su paso por el plan con la posibilidad de escribir un libro sobre su vida; Alegría apaciguaba su angustia poniéndose a leer los manuales y "*elevando los pensamientos*". Cada una a su modo y en la interacción de todas construían sentidos múltiples o *significados sociales compartidos*, términos con los cuales Kalman (2011) alude a esos sentidos que trascienden las expectativas educativas funcionales y unívocas como clave para explicar la inclusión de los adultos en los espacios educativos.

Pero entre esos significados sociales compartidos se incluían además sentidos políticos: sentidos que se expresaban bajo formas diferentes de aquellas en las que yo hubiera esperado hallar la politicidad de este espacio o de aquellos modos de participación política que esperaban los educadores y las educadoras –fueran militantes territoriales o activistas educativos–. El abordaje colectivo de la violencia experimentada por Alegría en su vida cotidiana se constituía en un sentido político para la inclusión en este espacio en tanto exhibía que en él podía abordarse colectivamente y a través de un caso individual una problemática social. En ese abordaje, las estrategias compartidas podían transformar, al menos parcialmente, la vida cotidiana de Alegría.

Alegría junto a su hijo durante una clase del espacio FinEs Primaria.

Es posible que esos sentidos políticos se tramaran también con el anhelo de las mujeres por terminar la escuela primaria o por percibir el bolsón de alimentos. Pero su inclusión no podía reducirse a uno u otro de esos sentidos: sentidos políticos, sentidos educativos, sentidos en relación a la satisfacción de necesidades básicas insatisfechas (a través de la percepción de un bolsón alimentario, por ejemplo) conformaban sentidos indisociables. En esa línea interpreté lo escrito por María, una de las estudiantes de barrio Concepción cuya inclusión en el espacio FinEs era su primer acercamiento al Movimiento. Sara, la educadora que dictaba las clases de Lengua, le había pedido que describiera por escrito el local donde tenían clases:

> *Estoy en una pieza donde hay mucha mercadería* [alimentos no perecederos] *que es todo para repartir a la gente más carenciada como nosotros (...). Es un lugar muy hermoso porque las maestras son muy buenas y nos enseñan la clase (...). Venimos para aprender, sentirnos cómodas y distraernos.*

La descripción de María condensaba variados elementos y, cuando la leí por primera vez, noté que obviaba algo que era, a mis ojos, relevante: no había dicho nada respecto de las banderas, redoblantes, estandartes o afiches con rostros (a los que aludí previamente) que poblaban el local. Ella veía allí las pilas de "*mercadería para gente carenciada como nosotros*", veía "*un lugar muy hermoso*" con "*maestras muy buenas*", y eso era suficiente para darle entidad a un espacio-momento donde "*aprender, sentirse cómoda y distraerse*" con sus compañeras. Para una mujer de su edad, cuya vida –según ella misma relataba– consistía en "*pasar el día frente a la tele*", su inclusión en este espacio y bajo estas premisas también era un acto, a su manera, profundamente político.

La pregunta acerca de los sentidos de las mujeres para incluirse en esta experiencia educativa recoge en parte una pregunta que se reitera particularmente en el ámbito de los estudios sobre educación de jóvenes y adultos –como vimos a propósito de Kalman (2011), pero también en trabajos como Kalman (2004), Ruiz Muñoz (2005), Montesinos *et al.* (2010) o Arrieta y Lorenzatti (2017), entre otros– y que atraviesa los estudios sobre instituciones educativas en general. Tanto aquí, como también para el universo de los movimientos sociales, y tal como nos recuerda Quirós (2011) recuperando la obra de Marcel Mauss, las motivaciones son múltiples: son continuos mixturados en el crisol de la vida cotidiana y el mundo social. Si interrogáramos nuestra propia participación en ciertas actividades o en determinados colectivos sociales (sea un colectivo religioso, político, académico, etc.) con seguridad no podríamos hallar razones unívocas para ello. Lo personal, lo laboral, lo afectivo y lo económico se anudan en nuestra vida cotidiana de formas profundas. En esas tramas, lo político también se hace presente, aunque de modos que desbordan las formas bajo las cuales lo solemos reconocer.

*

A lo largo de este capítulo repasé diversos procesos que reconstruí a propósito del espacio educativo de nivel primario para adultos enmarcado en el plan FinEs y desarrollado en el contexto del Movimiento. Algunos de esos procesos fueron abordados en relación con el desplazamiento espacial de la actividad educativa desde el patio de Luz hacia el local de barrio Concepción: nuevos objetos puestos a funcionar junto a bienes materiales ya presentes en la cotidianeidad del Movimiento y nuevos actores sociales, tales como vecinas que no conocían previamente a la organización o nuevos activistas educativos que se sumaban a la tarea.

En ese encuentro, la confluencia entre actividades educativas y actividades territoriales del Movimiento se hacía presente no siempre de manera conflictiva: un criterio forjado en el marco del sector territorial (otorgar alimentos a quien asiste) podía aplicarse sin inconvenientes en el marco de una actividad educativa. Sin embargo, el registro de posicionamientos diferenciales entre quienes se desempeñaban como educadores y educadoras (y más precisamente, entre Eugenia y el resto del plantel a propósito de la percepción de alimentos por parte de los y las docentes) continuaba indicando, desde mi perspectiva, que la alteridad existente entre la identidad política de militantes territoriales y activistas educativos era aún productiva para explicar cierta heterogeneidad presente en estas experiencias educativas. No obstante, y a diferencia de lo que vimos a propósito del Bachillerato Popular, los posicionamientos diferenciales de educadores y educadoras no desataron grandes debates ni tensaron el espacio FinEs al punto de amenazar su existencia: fueron muchos más los puntos de acuerdo que permitieron, inclusive, que los y las docentes de esta experiencia produjeran en conjunto diversas apropiaciones respecto de los lineamientos oficiales del plan.

Al analizar esos procesos de apropiación de los educadores y educadoras vimos cómo los mismos se fundamentaron en sentidos de diversa índole, construidos activamente por estos activistas en su calidad de docentes del espacio y que incluyeron tanto una valoración de sentidos, prácticas y objetos educativos hegemónicos como tanteos, ensayos y experiencias totalmente originales. Fue en ese sentido que me referí a la co-construcción de las políticas públicas (Achilli, 1998) o que reiteré –como propuse también a propósito del Bachillerato Popular– que esta experiencia se construía en una relación dialéctica de mímesis con el sistema educativo oficial. El interés por otorgar certificaciones educativas oficiales, la mudanza al local para resguardar los mapas, libros y útiles escolares o la centralidad adquirida por los pupitres y los manuales oficiales son tanto los bienes culturales hegemónicos valorados por los educadores y educadoras como los bienes cuyo sentido, modalidad y temporalidad sufren diversas apropiaciones por parte de ellos/as mismos/as.

En el mismo sentido, el análisis de los eventos en torno al llanto de Alegría buscó iluminar los sentidos múltiples y mixturados en que las mujeres experimentaban su inclusión (su involucramiento) como estudiantes en esta experiencia educativa. La existencia y circulación de esos sentidos también pueden ser interpretadas como procesos de apropiación no solo del espacio educativo sino también del plan FinEs por parte de las mujeres/estudiantes: procesos de apropiación que incluyen sentidos políticos, aunque la forma que adopten esos sentidos desborde los formatos en los que se espera encontrar la politicidad o la participación política desde otras perspectivas –la mía, por ejemplo–.

CAPÍTULO IV

"No teníamos idea cómo era ir a un ministerio a abrir gestiones". Los saberes cotidianos de la militancia territorial

I. Presentación

En este capítulo analizo algunos de los saberes cotidianos apropiados por Eugenia y Gastón en función de sus rutinas diarias de militancia en el sector territorial del Movimiento. Parto de entender que estos procesos de apropiación constituían una experiencia educativa más que –aunque de manera más implícita, informal y asistemática– tenía lugar en el contexto del Movimiento. Para ello puntualizo, en primer lugar, en qué consistían las actividades territoriales o del sector territorial del Movimiento y qué características asumían esas actividades en el contexto político concreto del período analizado. En segundo lugar, exploro –a propósito del análisis de un proceso de demanda ante el Estado– qué saberes cotidianos específicos eran apropiados por Eugenia y Gastón en tanto militantes/referentes territoriales. Por último, indago en algunos eventos que evidencian cómo los saberes cotidianos apropiados en el seno de las actividades territoriales entraban en tensión con las actividades educativas (y con los saberes asociados a ellas) en el marco de las propias trayectorias militantes de Eugenia y de Gastón y de distinta manera en el caso de cada uno de ellos.

II. Las actividades territoriales del Movimiento

Como he mencionado anteriormente, a lo largo de la segunda mitad de la década de 2000 y de la primera de 2010 el Movimiento creció y consolidó su presencia en el sector sud-este de la ciudad. Si bien cuando inicié mi investigación las personas que participaban de las movilizaciones y actividades del sector territorial del Movimiento provenían solo de Villa Los Álamos, cuando mi trabajo de campo estaba llegando a su fin el *trabajo territorial* se había extendido a unos cinco barrios o asentamientos de la zona.

En algunos de esos lugares funcionaban merenderos o comedores populares sostenidos tanto con los alimentos que llegaban al Movimiento desde Buenos Aires (y vía el sector territorial del Frente) como con el trabajo de personas –fundamentalmente, mujeres– dedicadas a cocinar y atender esas actividades. En otros barrios funcionaban –en la casa de algún vecino o vecina– emprendimientos productivos tales como una bloquera o la cooperativa textil (que funcionaba en el local de Concepción) sostenidos con subsidios de trabajo cooperativo. Y de todos esos barrios o asentamientos provenían personas que se movilizaban *con el Movimiento*[1] cuando Gastón y Eugenia –junto al resto de las referentes territoriales– las convocaban a marchar o cortar una calle para efectuar un reclamo.

Una distinción importante –y a la que ya aludí anteriormente, en el capítulo I– es que Gastón y Eugenia eran *militantes territoriales* pero también eran *referentes territoriales*[2]. Con ese término –*referentes*– aludían tanto a sí mismos como a un conjunto reducido de mujeres –una por barrio o asentamiento– que se caracterizaban por tener un compromiso más constante con el Movimiento, por realizar ciertas tareas organizativas y también, en ocasiones, por ceder espacios de sus casas particulares –el comedor o una habitación, por ejemplo– para que funcionara allí alguna de las actividades de la organización (una cooperativa de trabajo, un comedor, un merendero).

Sin embargo, Eugenia y Gastón no aludían a sí mismos como *referentes* todo el tiempo. Como mencioné en el capítulo II y en el marco del proceso de cierre del Bachillerato, algunas de las activistas educativas le reprochaban a la pareja que solo conocían *la cara visible* de Gastón y Eugenia como representantes del sector territorial. Ante ese reproche, Eugenia no había argumentado que ellos hablaban por el sector territorial en tanto eran sus referentes, si no que había sostenido que a las personas que participaban de las actividades territoriales del Movimiento no les interesaría ese debate sobre "*cosas elevadas desde lo pedagógico, desde lo filosófico*".

Esta omisión del uso del término *referente* al interior de los debates con los y las activistas educativos/as así como la inexistencia de términos que distinguieran a unos referentes (como Gastón y Eugenia) del resto de las referentes territoriales del Movimiento se vincula con la orientación política-ideológica de la organización: en el marco de la misma, no era posible trazar distinciones jerárquicas ni de figuras dirigenciales (como podría hallarse al examinar la estructura de un partido político, por ejemplo) ya que uno de los principios políticos sostenidos era el de la horizontalidad para la toma de decisiones.

---

1 Retomo aquí la distinción efectuada por Quirós (2006) cuando, interesada en restituir las relaciones interpersonales en torno al movimiento *piquetero*, advierte: "*el rótulo piqueteros puede ser una clasificación que esencializa algo que el propio sujeto vive de modo relacional y contextual: para muchos, los piqueteros son otros* con los que uno está" (p. 88).

2 En el capítulo I mencioné que Vázquez (2011) propone que en el marco de la generación de militantes territoriales la identidad del *militante* se superpone a la del *referente*: el sujeto es militante en tanto logra construirse como una referencia para los pobladores de los barrios, y en tanto conoce y experimenta –al menos en parte– sus condiciones de vida.

Además, en el marco de la identidad política forjada al calor de la lucha piquetera, ya vimos que resultaba un valor importante poder mimetizarse con las condiciones de vida de las personas que participaban de las actividades de la organización: el énfasis en la distinción entre dirigentes y dirigidos –y más allá inclusive de ser contradictorio con un postulado ideológico– podría haber operado en contra de esa búsqueda de mimetización. No obstante estas aclaraciones, cualquier lector/a habrá podido notar hasta aquí que las tareas acometidas por Gastón y por Eugenia tenían un componente diferencial respecto del involucramiento de otras personas en las actividades de la organización: un componente de dirección o, al menos, un estatus de coordinación mayor al del resto de las referentes territoriales o de los y las militantes del Movimiento.

En tanto referentes territoriales, los espacios físicos recorridos por Gastón y Eugenia en el marco de sus rutinas militantes eran variados: la casa particular de la pareja (donde se realizaban reuniones y/o se acopiaban alimentos si faltaba espacio en el local), las casas de las mujeres que eran referentes del Movimiento (y que vivían en los barrios o asentamientos de la zona) o el local de barrio Concepción que, como vimos, estaba ubicado justo al lado de Villa Los Álamos y próximo al resto de los lugares donde el Movimiento *tenía presencia*. Pero ciertos ámbitos estatales como el Ministerio de Desarrollo Social o de Educación de la provincia de Córdoba o la Gerencia de Empleo y Capacitación Laboral de la Nación también eran espacios por los que estas dos personas circulaban en función de su militancia territorial: en esos espacios se demandaban y se negociaban (es decir, se *gestionaban*) los planes sociales, los subsidios cooperativos u otros recursos, como chapas y colchones para asistir a vecinos afectados por un temporal o útiles escolares para los niños y niñas en edad escolar, por ejemplo.

Esas *gestiones* estaban a su vez asociadas a alguna *acción* del Movimiento, término con el cual se aludía a la movilización de personas hacia esos ámbitos estatales y/o cortes de calles o *piquetes* frente a los mismos. Sin embargo, y en virtud de los procesos socio-históricos descritos en el capítulo I, estas *acciones* no tenían la misma intensidad ni envergadura que las movilizaciones, tomas de edificios públicos y "piquetes" multitudinarios que se desarrollaban a principios de la década de 2000 y en el marco de los cuales Eugenia y Gastón habían forjado su primera identidad militante. El contexto iniciado a partir del año 2003 y consolidado a lo largo de esa década había configurado unas condiciones particulares para organizaciones como el Movimiento que, aunque identificadas con la identidad piquetera, se habían ido transformando lentamente en organizaciones "sociales" o "territoriales" y se habían reorientado a la "consolidación" política hacia adentro de los barrios, antes que a la confrontación pública y directa con las autoridades y las fuerzas represivas.

En función de este momento socio-histórico particular de la relación entre Estado y organizaciones sociales –configurado por una determinada correlación de fuerzas entre sectores dominantes y subalternos– la militancia territorial de Eugenia y de Gastón se estructuraba fundamentalmente en torno a las actividades de la *gestión* y, más eventualmente, en torno a la organización de las *acciones* públicas de protesta. Estas últimas eran más bien un punto de inicio de las primeras, o bien un recurso del que echar mano cuando aquellas no funcionaban.

Ya fuera a propósito de una *acción* o de una *gestión*, comencé a interesarme en indagar en los saberes de los cuales se habían ido apropiando Gastón y Eugenia a propósito de esa militancia territorial. En ese sentido, comencé a conceptualizar esta apropiación de destrezas también como una experiencia educativa que –aunque de modo informal, asistemático o implícito– tenía lugar en el contexto del Movimiento. Esa conceptualización se apoyó en la categoría de *saberes cotidianos* propuesta por Ágnes Heller, quien entiende a estos como "*la suma de nuestros conocimientos sobre la realidad, que utilizamos de un modo efectivo en la vida cotidiana del modo más heterogéneo (como guía para las acciones, como temas de conversación, etcétera)*" (Heller, 1977, p. 317). Es decir, se trata de unos saberes que nos resultan inevitables para poder existir y "*movernos en nuestro ambiente*" y que no pueden ser escindidos del contexto histórico y del estrato social al que pertenecen los sujetos (Heller, 1977; Lorenzatti, 2018).

III. Los saberes cotidianos de la militancia territorial

Durante los años en que realicé mi investigación, había tres eventos que se repetían anualmente y en los cuales el sector territorial del Movimiento participaba sin falta: la movilización por la conmemoración del inicio de la última dictadura militar argentina (cada 24/03), el corte de calle con movilización en el aniversario del asesinato de Kosteki y Santillán (el 26/06), y la *acción por los útiles*, que se realizaba a mediados del mes de febrero frente al Ministerio de Educación provincial y con la cual se reclamaba al Estado provincial que otorgara útiles escolares, zapatillas y guardapolvos para los niños y niñas en edad escolar.

La *acción por los útiles* comenzaba a ser preparada a inicios del mes de febrero, unas semanas antes del inicio del ciclo lectivo escolar[3]. Si bien el nombre otorgado al suceso aludía en primer lugar a la movilización y piquete que se realizaría frente al Ministerio de Educación provincial, éste sería solo el punto de inicio de una larga cadena de tareas que acometerían Gastón y Eugenia por los próximos meses.

3 Todos los registros de observación utilizados de manera directa o indirecta en este apartado fueron realizados durante los meses de febrero, marzo y abril de los años 2011 y 2012.

Vecinos y vecinas del Movimiento reuniéndose en el centro de la ciudad de Córdoba en momentos previos a una movilización.

La primera de estas tareas era organizar efectivamente esa movilización y el piquete con el cual se daría inicio al reclamo. Para eso Eugenia y Gastón pautaban con el resto de las referentes territoriales el día y horario en que visitarían cada uno de los barrios. Esa visita –que las referentes se encargaban de "garantizar"– tenía por fin sostener reuniones entre los y las referentes y las personas que fueran a formar parte de la movilización (madres y padres de los barrios cuyos hijos e hijas serían potenciales receptores de los útiles, guardapolvos y zapatillas obtenidos con la "acción").

Al tomar parte en algunas de esas reuniones pude observar cómo la pareja detallaba en esas instancias las cuestiones operativas relativas al evento que se estaba por realizar. Pero además la pareja dedicaba una parte importante de sus alocuciones a explicar la justeza del reclamo, a denunciar las condiciones de vida de los sectores populares y a enfatizar en la importancia de la participación ("*ser muchos para presionar más*", decía Gastón) en la acción que estaba por llevarse a cabo.

Unos días después de esta primera invitación se debía volver a relevar cuántas personas se estimaba que participarían del reclamo y comenzar a realizar los listados de los niños y niñas para los cuales se iban a pedir *los útiles.* En estas listas se debían incluir datos como el nombre, la edad, el grado y la escuela a la cual asistía el/la infante, además del nombre de su padre y su madre. Como se pedían también zapatillas y guardapolvos se debía detallar el número de calzado y el talle de vestimenta de cada niño/a. Dado que los datos a recabar eran muchos, Eugenia y Gastón debían pasar largo tiempo recopilando esta información en planillas junto a las referentes de cada barrio. Luego guardaban cuidadosamente estos papeles en una carpeta con la que asistían el día del reclamo frente al Ministerio de Educación Provincial.

Los tres o cuatro días previos a la movilización se ponían a punto las banderas, banderines, pecheras, redoblantes, megáfonos y todo aquel otro material que fuera a ser utilizado. Estas tareas solían quedar a cargo de Gastón, quien las realizaba en general con las mujeres que participaban de la cooperativa textil que funcionaba en el local de Concepción. Además el hombre pasaba gran parte de su tiempo coordinando (a través de llamadas telefónicas o reuniones presenciales) qué recursos aportaría cada una de las organizaciones que formarían parte de la jornada, ya que no se trataba de una acción del Movimiento en solitario sino en articulación con otras organizaciones territoriales. Estas cuestiones organizativas previas con el resto de las organizaciones se volvían especialmente importantes si se iba a realizar, por ejemplo, una comida compartida con el resto de las organizaciones mientras se sostenía el corte de calle frente al Ministerio. Debía planificarse además cómo se efectuaría el traslado de estos materiales desde los barrios hasta el centro de la ciudad, lo cual solía realizarse o bien en taxi o con un camión alquilado (dado que el Movimiento no disponía de vehículo propio).

Por último debía definirse un punto de encuentro en la zona de confluencia de todos los barrios de los que provendrían personas que se movilizarían con el Movimiento. Una vez allí reunidos, Gastón repartía a las referentes territoriales el dinero necesario para pagar el pasaje de colectivo de ida y de vuelta de los/as habitantes de cada barrio. Eugenia, mientras tanto, confeccionaba junto a las otras referentes territoriales listados de asistencia de quienes estaban efectivamente allí. Cuando se llegaba finalmente a la puerta del Ministerio se esperaba que arribaran el resto de las organizaciones y, una vez que estaban todos y todas presentes, se cortaba totalmente la calle, lo que obstruía totalmente la circulación de vehículos por allí.

Una vez iniciado el piquete de calle se daba comienzo formal al reclamo con las palabras que los/as máximos/as referentes de cada organización (entre ellos, Gastón y, menos habitualmente, Eugenia) dirigían a los y las asistentes –casi todas mujeres, muchas de ellas con sus hijos e hijas más pequeños– a través de un megáfono. Durante estas alocuciones, realizadas siempre en un tono elevado –como si buscaran ser escuchados también desde adentro del edificio–, se señalaba qué era lo que se estaba pidiendo, se explicitaba la legitimidad del reclamo y se enfatizaba en la presión que se buscaba generar sobre los funcionarios con el corte de calle:

> *(...) el corte va a continuar hasta que los funcionarios bajen a darnos una respuesta concreta a lo que estamos pidiendo, porque solo con la lucha se consigue lo que se quiere.* (Referente, Registro de Observación movilización al Ministerio de Educación Provincial, 23/02/2012).

Después de estas palabras los referentes que acababan de hablar ingresaban al edificio y pedían formalmente ser atendidos por un funcionario ministerial. Sin embargo, no pedían por cualquier funcionario si no por Alejandro, el secretario del Ministro de Educación: porque en función de la experiencia previa (y de reclamos previamente desatendidos) habían aprendido a distinguir entre los funcionarios de distinto rango, la potencial capacidad de respuesta de cada uno de ellos y la importancia de reunirse con aquel con el cual habían forjado previamente una relación interpersonal de conocimiento mutuo.

Buscaban a Alejandro porque éste se había ido volviendo el interlocutor más constante que las organizaciones sociales tenían en el Ministerio de Educación provincial. Era él quien había sido designado oficialmente para sentarse a dialogar con los movimientos y quien quedaba comprometido a cumplir –al menos en parte– con los reclamos efectuados. La centralidad que Alejandro tenía en las demandas de las organizaciones sociales hacia el Ministerio de Educación provincial daba cuenta no solo del vínculo cotidiano y duradero de aquellas con este funcionario –y más allá de que las organizaciones que participaban de la acción por los útiles fueran de un signo político opositor–, sino también daba cuenta de cómo desde el Estado se había aprendido cuál de sus funcionarios tenía el perfil necesario para erigirse en un buen interlocutor con las organizaciones sociales territoriales.

Sin embargo, Alejandro solía no estar en las oficinas del Ministerio por estar atendiendo diversos asuntos en otras partes de la ciudad o en el interior de la provincia ("*es el bombero loco del Ministro*", me había dicho la secretaria del funcionario un día). Comenzaba por lo tanto una espera por tiempo indeterminado –que se podía prolongar por horas– hasta que Alejandro volviera, lo cual era utilizado también como estrategia de desgaste de las organizaciones por parte del Ministerio. Mientras tanto, la gente en la calle comenzaba a sentarse en el cordón de la vereda. Algunas mujeres daban de mamar a sus bebés y otras buscaban un baño público por la zona.

Mientras se encontraban esperando a Alejando, Eugenia y Gastón salían constantemente a ponerse en contacto con las personas que habían quedado afuera: aportaban en la organización de la comida –si es que ésta se estaba realizando allí–, conversaban con las mujeres e intercambiaban opiniones sobre cómo se estaba desarrollando la jornada. También, en algunas ocasiones, debían controlar que las participantes no se fueran del corte a realizar algún trámite o alguna compra, o a pactar que si lo hacían volvieran para seguir participando de la *acción*. En ciertas oportunidades, por separado o de manera conjunta, la pareja aprovechaba el tiempo de la espera para ir a conversar con otros funcionarios del Ministerio y efectuar otras demandas, vinculadas al pago del Plan FinEs o a la solicitud de becas alimentarias o monetarias para los jóvenes que asistían a clases en el Bachillerato (solicitud que nunca fue atendida).

En esos recorridos era frecuente que fueran saludados por empleados del Ministerio que los conocían y los trataban inclusive por su nombre de pila. En una ocasión, una de estas empleadas se detuvo para conversar con la pareja. Como a mí no me conocía me dijo riendo y como intentado explicarme algo sobre las personas a quienes yo estaba acompañando:

> *¡Ellos siempre están rondando! (...) si es principio de año por los útiles, y los guardapolvos, después por otra cosa, siempre con una planilla o una listita en la mano (...) ¡es como los hijos que uno los ve venir y dar vueltas y ya sabés que te van a pedir plata!* (Registro de Observación Ministerio de Educación Provincial, 23/02/2012).

Cuando Alejandro finalmente se hacía presente, se iniciaba una reunión cuya duración solía ser muy breve en comparación a la espera sostenida hasta entonces[4]. El encuentro comenzaba con una primera instancia en la cual el funcionario escuchaba a los y las militantes presentes. Estos/as, turnándose, comenzaban por explicitar cuál era el reclamo e iban al mismo tiempo reconstruyendo las distintas negociaciones que –más o menos recientemente– estas organizaciones habían emprendido con ese Ministerio en general y con Alejandro en particular. Mencionaban por ejemplo desde cuándo realizaban el reclamo *de los útiles*, qué se había obtenido en cada oportunidad, qué se podía reconocer positivamente por parte de este funcionario (comparado con otros) y qué tenían aún por recriminarle de demandas anteriores. De esta manera, se anclaba el reclamo del día de la fecha en toda una historia de vínculos inter-personales y sostenidos que habían sabido forjar estos referentes territoriales con este ámbito estatal y con sus agentes. Exhibir ese conocimiento y esa familiaridad de oficinas y nombres y de lo actuado por cada uno de esos nombres parecía ser –inclusive si se trataba de todas organizaciones políticamente opositoras al gobierno provincial– un saber cotidiano que debía ser manejado por los militantes territoriales en el marco de una negociación en la que actuaban como referentes.

Una vez que el funcionario dejaba entrever que se daría curso –al menos parcialmente– al reclamo que se estaba iniciando, cada referente comenzaba a puntualizar sobre las cantidades que requerían de cada artículo escolar. Era este el momento en que comenzaban a manipularse ante los ojos del funcionario los listados de personas *anotadas*: esos listados que los y las militantes territoriales habían ido construyendo durante las semanas previas con los datos de los niños y las niñas en edad escolar cuyas madres

4 Solo pude presenciar una de estas reuniones, la cual preferí no grabar. Sin embargo, mucho de lo que pude reconstruir que acontecía en esa instancia se repetía de manera más o menos similar en otros reclamos que presencié ante el mismo funcionario o ante funcionarios de otras dependencias estatales.

y, en menor medida padres, se encontraban participando de la jornada[5]. Pero la cantidad reclamada se apoyaba también en la reiteración –durante distintos momentos de la reunión– de la gran cantidad de personas que se encontraban cortando la calle en ese momento.

Si existían reticencias por parte del funcionario –en relación a la cantidad de lo reclamado, a algunos de los artículos en especial o a la fecha de entrega de los recursos– la negociación podía tensarse un poco. En ese caso, una estrategia que podía ser puesta en funcionamiento por los y las militantes era la de buscar convencer al funcionario haciendo valer las discrepancias existentes entre las distintas líneas del oficialismo político. Se podía por ejemplo sugerir a Alejandro que otorgar en tiempo y forma aquello que las organizaciones le estaban demandando era una manera de mostrar al Ministerio de Educación provincial como más próximo al gobierno nacional: dado que este Ministerio era políticamente más afín al kirchnerismo que al delasotismo[6] y siendo el primero más progresista que el segundo, le sugerían que tener una buena relación con las organizaciones territoriales era una forma de dar cuenta de la opción por la línea del peronismo que representaba el gobierno nacional y no por otra. Al plantear la discusión en estos términos, los y las militantes remitían la negociación a clasificaciones políticas conocidas por ellos pero, fundamentalmente, conocidas por el funcionario: no solo exhibían de este modo el conocimiento de las internas políticas del gobierno en tanto tales, sino también en tanto debilidades de su interlocutor y de quienes éste representaba.

Cuando la reunión con Alejandro finalizaba, los y las militantes salían a contar a las demás personas –por medio de un megáfono– lo acordado con el funcionario. En ese momento, se volvía a enfatizar en la importancia de haber presionado *desde afuera* con el corte de calle, y se comenzaba a desmontar el mismo, plegando las banderas, juntando todos los objetos empleados durante la jornada y volviendo cada organización –en colectivos de línea, a pie o en varios taxis– al sector de la ciudad donde poseía su local.

El final de la acción por los útiles frente a la puerta del Ministerio de Educación provincial no era el final del reclamo sino más bien el inicio del mismo. Lo que restaba a partir de esa jornada era un largo y tedioso proceso que podía durar desde el mes de febrero hasta fines del mes de abril. A lo largo de ese proceso, Eugenia y Gastón se veían implicados en una extensa serie de llamados telefónicos, envío de mensajes de texto por celular y nuevas "idas" al Ministerio de Educación provincial para coordinar las entregas

---

5 El uso de estos objetos escritos como elementos desde los cuales reclamar reconocimiento legítimo de la cantidad de personas movilizadas nos recuerda que las relaciones de hegemonía instituyen un *lenguaje común* en el que deben ser expresadas las controversias entre dominadores y dominados (Roseberry, 2007). Es ése lenguaje común el que indica lo que cuenta como *verdadero* (Corrigan y Sayer, 2007).

6 Término proveniente del nombre propio José Manuel De la Sota, gobernador peronista de la provincia de Córdoba en los períodos: 1999-2003, 2003-2007, 2011-2015.

y reclamar por las cantidades y calidades de lo entregado. Algunos de esos reclamos se realizaban de manera telefónica y otros de manera personal, volviendo a asistir al Ministerio. Además, algunos de los reclamos que se efectuaban de manera personal podían ser realizados no solo por Gastón y Eugenia, si no acompañados por algunas de (o bien todas) las referentes barriales del Movimiento. Sin embargo, los militantes debían calcular muy bien cuándo las convocaban a todas a ir al Ministerio para reclamar por lo entregado y cómo era solicitado ese acompañamiento: no se podía demandar a todas las referentes que asistieran todo el tiempo, si no solo en ocasiones en que la gravedad de la falta ministerial lo ameritaba. Caso contrario, podían ser considerados como demasiado *pesados* o *exigentes* por el resto de las mujeres que eran referentes barriales del Movimiento.

Cuando finalmente alguna de las partidas de los objetos reclamados llegaba al local del Movimiento debía ser almacenada hasta que arribara otra de las partidas pedidas. Debía ser cuidadosamente mesurado el momento en que se comenzaba a repartir, teniendo en cuenta como variables tanto que alcanzara al menos para darles una parte significativa de lo demandado a cada barrio (para que ninguno se sintiera postergado en el reparto) como que la entrega no se produjera mucho después de iniciado el ciclo escolar. Al mismo tiempo, cuando se realizaban las entregas había que cotejar que todos aquellos adultos que venían a buscar los útiles, guardapolvos y zapatillas hubieran asistido efectivamente a la movilización. Para esto se contaba con listas de asistencia confeccionadas por Eugenia el día en que se había cortado la calle frente al Ministerio de Educación.

No obstante, durante el proceso de entrega, podían realizarse excepciones y entregar algún recurso a alguien que no hubiera participado de la acción. Sin embargo, esas excepciones debían estar fundadas en una serie de consideraciones que iban desde la conducta generalizada de esa persona para con el Movimiento (si era una persona confiable, que asistía con regularidad a las movilizaciones, que se mostraba solidaria con los demás) hasta el grado de necesidad material que acusara tener (cantidad de hijos, enfermedades, tipo de vivienda que poseía). Un escaso conocimiento de una situación de carencia extrema o, peor aun, la credulidad ante quien acusaba una necesidad que no tenía podían desnudar una ignorancia por parte de los militantes (una falta de saber cotidiano) que debilitaba su legitimidad como referentes territoriales de la organización. Este doble riesgo me había sido referido varias veces por Gastón y Eugenia cuando los acompañaba en sus recorridos por los barrios y asentamientos. "*Hay que andar atenta porque son más vivas las mujeres*" me solía repetir Eugenia, aludiendo a la necesidad de que la sensibilidad frente a las carencias materiales de las personas no debía convertirse en un obstáculo que impidiera conocer genuinamente sus realidades.

Pero además ese conocimiento genuino –ese saber– solo podía sustentarse en una estrecha familiaridad de los/as militantes respecto de las personas que participaban de las actividades y las *acciones* del Movimiento. De hecho, la legitimidad de aquellos en tanto referentes emanaba de la justeza de los otorgamientos y de las excepciones que hacían: esa justeza se asentaba sobre el saber que se poseía sobre las condiciones de vida de las personas, saber que solo era posible lograr en función de una cotidianeidad compartida que se construía a partir de un tipo específico de militancia. Esta cuestión es señalada también por otros trabajos antropológicos (como Borges, 2009; Quirós, 2009, 2011; Quirós y Vommaro, 2011) que –aunque no lo hacen en clave de apropiación de saberes o conocimientos– proponen que la cotidianeidad compartida entre militantes/referentes y pobladores es la que permite la existencia de un grado de inter-conocimiento mutuo necesario para realizar una excepción considerada como justa por quienes participan de las movilizaciones[7].

Como vimos hasta aquí y a propósito de la demanda de útiles escolares, Eugenia y Gastón apoyaban su militancia territorial en todo un conjunto de saberes cotidianos específicos de los que se habían ido apropiando: *saber planificar* reuniones en cada barrio; *saber persuadir* en esas reuniones a los vecinos –padres y madres– de la necesidad de asistir masivamente a la movilización; *saber confeccionar planillas* de datos personales y escolares de cada niño y niña; *saber organizar la movilización* (armar, mantener y desplazar los materiales necesarios para la jornada así como administrar los recursos económicos para el transporte y alimentación de las personas durante la misma); *saber identificar funcionarios* con los cuales obtener reuniones exitosas para el proceso de demanda; *saber reiterar* periódicamente a esos funcionarios (o a sus secretarias y secretarios) por teléfono o personalmente, y solos o acompañados por otras referentes, el reclamo por los recursos demandados; *saber repartir con justeza* los recursos que se van obteniendo (en qué momento, a quiénes, realizando qué excepciones); por último, *saber reclamar* nuevamente a las autoridades por las cantidades y las calidades de lo entregado.

Estos saberes, además de señalar un tipo de involucramiento político específico (que definí anteriormente retomando a Vázquez (2011) como poli-rubro y de tiempo completo) indican cómo se tramaba la construcción política del Movimiento con formas específicas de actuación estatal. Los programas de trabajo cooperativo como el programa Argentina Trabaja –ciertamente escaso en ese momento para provincias opositoras al gobierno nacional (Sleiman, Morua y Audisio, 2015)–, los modos de entrega de

7 Como también muestra Manzano (2010) en el contexto de un movimiento de desocupados del partido de La Matanza, gran parte de la actividad cotidiana de una de las referentes de esta organización se vinculaba con la escucha de los argumentos de aquellos que habían incumplido normas –como ausentarse de cortes de ruta y movilizaciones–. A pesar de su incumplimiento y en función de sus necesidades –padecimientos de salud, por ejemplo– buscaban ser reconocidos como una *prioridad* de la organización a la hora de la asignación de planes sociales.

recursos y los canales de diálogo permitidos por los funcionarios modelaban la actividad cotidiana de los militantes y su organización. Al mismo tiempo, y tal como señala Manzano (2008), estas formas de especialización técnica redundan en la posibilidad de apropiación de conocimientos que permiten el acceso a recursos, a cierto control colectivo sobre las actuaciones estatales y que configuran –o configuraban al menos durante este período– las actividades en torno a las cuales el Movimiento se construía cotidianamente.

Todo este conjunto de saberes cotidianos implicados en el desarrollo de la militancia territorial de Gastón y Eugenia y que iban desde la movilización y el piquete callejero hasta los más tediosos procesos de seguimiento de la entrega de una partida de recursos se desarrollaba en el marco de unas condiciones sociales y políticas específicas. La naturaleza aprendida de esos saberes (y por lo tanto situada social e históricamente) se ponía de manifiesto cuando los militantes relataban cómo se habían iniciado en las relaciones de negociación (de "gestión") con el Ministerio de Educación provincial:

> *(...) nosotros al principio estábamos nada más con lo de la olla popular (...) pero desde otros movimientos de Buenos Aires con más experiencia nos empezaron a decir: "¿no tienen una gestión abierta en un Ministerio?". Nosotros en ese momento nos mirábamos y pensábamos "¿una gestión abierta?". ¡Nos parecía una cosa que no la íbamos a poder lograr! Porque no teníamos idea cómo era ir a un ministerio a abrir gestiones.* (Eugenia, entrevista 05/08/2011).

No olvidemos que en el capítulo I describí una fotografía del año 2000 en la cual la pareja aparecía –en los inicios de su militancia– increpando de manera frontal a un funcionario público adentro de su propia oficina en un Ministerio. Que diez años después Eugenia contara que se habían inquietado frente a la tarea de "*abrir una gestión*" –la cual, al menos a mis ojos, parecía ser mucho menos inquietante que el escrache a un funcionario en su propia oficina– exponía una transformación. Aquella por la cual los saberes cotidianos apropiados por los militantes para vincularse con (y demandar ante) los agentes y ámbitos estatales a finales de la década anterior –"*a las patadas y las puteadas*"– habían dejado de ser a mediados de la década de 2000 saberes cotidianos viables para el desarrollo de las prácticas de militancia.

En virtud de los procesos que reconstruí y analicé en este apartado vimos que Eugenia y Gastón se apropiaban de saberes cotidianos a partir de su militancia territorial y de sus construcciones como referentes territoriales. Considero que esa apropiación de saberes puede ser interpretada como una experiencia educativa más que tenía lugar –junto al Bachillerato Popular y el espacio FinEs– en el contexto del Movimiento. Sin embargo, y a diferencia de lo que plantean algunos de los autores y autoras que han analizado la participación en movimientos sociales como experiencia educativa (como Sales Caldart, 2000; Zibechi, 2007 o Michi, 2008), mi análisis buscó despegarse del supuesto según el cual aquello que se aprende a propósito de la militancia está configurado por el marco político-ideológico de los movimientos u organizaciones sociales.

Vecinos y vecinas movilizándose con la bandera del Movimiento por las calles de la ciudad de Córdoba.

Contrariamente, mi interés fue el de iluminar más bien cómo aquellos saberes de la militancia de los que se apropian los sujetos se vinculan a contextos socio-históricos específicos, que configuran límites y posibilidades en las construcciones políticas de los colectivos sociales y en los que se entablan relaciones –que pueden ser de confrontación pero también de interacción personal y cotidiana– con los ámbitos, funcionarios y actuaciones estatales. Fue este el motivo por el que, para hablar de aquello que los militantes aprendían, utilicé el concepto de saberes cotidianos de Heller (1977): porque como mencioné al inicio de este apartado se trata de una categoría que alude tanto al sujeto –y a su agencia– como al contexto socio-histórico en el cual debe moverse ese sujeto individual y colectivo.

En los procesos aquí analizados vimos cómo ese aprendizaje activo por parte de los militantes –esa apropiación de saberes– se desplegaba en el marco de unas relaciones de fuerza específicas entre sectores dominantes y subalternos (personificados aquí en agentes estatales y organizaciones sociales). Esas relaciones de poder –siempre históricas y variables– indicaban ciertos modos necesarios de manejarse y actuar por parte de quienes buscaban desplegar un proyecto político territorial con sectores populares. Entiendo que es precisamente en este sentido que Antonio Gramsci planteó que "*toda relación de hegemonía es, necesariamente, una relación pedagógica*" (1971 citado en Crehan, 2004, p. 177).

Si partimos de concebir a la hegemonía no como poder petrificado sino como la relación de lucha entre sectores dominantes y subalternos podemos entender que de esa relación surgen políticas, estrategias y actuaciones gubernamentales varias, así como también formas de demanda, protesta y construcción colectiva por parte de los sectores subalternos y sus organizaciones políticas. Esa relación se vuelve educativa –o pedagógica, en los términos de Gramsci– en tanto ambos sectores deben apropiarse de los saberes cotidianos que les permitan incidir –con mayor o menor grado de acierto– en esa relación y a favor de sus propios intereses.

Veamos en el próximo y último apartado cómo algunas tensiones atravesadas por Eugenia y Gastón evidencian que las actividades educativas del Movimiento –propias del contexto socio-histórico más reciente– demandaban un tipo de saber cotidiano diferente a aquel puesto en juego para la militancia territorial.

IV. Las actividades educativas tensionan los saberes cotidianos de la militancia territorial

Como vimos en el último apartado del capítulo II uno de los conflictos previos al cierre del Bachillerato Popular fue el que se desató entre los activistas educativos y los militantes territoriales en relación al proceso de demanda de oficialización del Bachillerato. Aludí a propósito de ese conflicto a los términos desde los cuales los activistas educativos se referían a ese proceso: consideraban que se debía *luchar* por la oficialización. Por el contrario, advertí desde el inicio de mi trabajo de campo que Gastón y Eugenia no hablaban de luchar por la oficialización del Bachillerato si no de *gestionar* su oficialización. Dado que el término *gestión* era utilizado continuamente por Gastón y Eugenia para aludir a sus actividades como referentes territoriales comencé a pensar en cómo se tramaban, en torno a la búsqueda de oficialización del Bachillerato, los saberes apropiados por los militantes en el sector territorial.

El énfasis dado por la pareja a la actividad de *gestionar la oficialización* parecía estar dado en primer lugar por un contexto provincial de escaso margen para realizar otro tipo de acciones: a diferencia de provincia y ciudad de Buenos Aires, donde los Bachilleratos Populares eran muy numerosos y realizaban en conjunto movilizaciones y cortes de calle (para acompañar las negociaciones por su oficialización) solo existía en Córdoba este Bachillerato, por lo que una movilización o un corte de calle hubiera contado solo con algunas decenas de personas. Como vimos en el apartado anterior, en el marco de las demandas del sector territorial, exhibir que se sabía cómo organizar y convocar a una movilización a una cantidad importante de personas era sumamente importante pero era, a la vez, una parte más bien puntual del proceso de reclamar recursos. El resto estaba dado por las tareas de *gestión*: tareas más cotidianas, más sostenidas y más constantes que las primeras y que involucraban fundamentalmente a los referentes territoriales y, entre ellos, más específicamente a Eugenia y a Gastón. De esa lógica se seguía que, cuando no se tenía suficiente fuerza para llevar adelante una *acción*, solo restaba redoblar los esfuerzos en las tareas de *gestión*.

El intento de gestionar la oficialización del Bachillerato demandó mucho tiempo y energía por parte de Gastón y Eugenia. Si bien a lo largo de los años en que hicieron este intento invitaron a los activistas educativos a participar de algunas de esas instancias –fundamentalmente de las reuniones con los funcionarios y funcionarias del Ministerio de Educación provincial con quienes debían tratar este tema– el resto de los profesores y profesoras del Bachillerato no asistió más que excepcionalmente a esos encuentros. Recibían por correo electrónico o en una reunión los informes que realizaba la pareja, pero sin terminar de "empaparse" en los vericuetos legales y técnicos de la negociación. Esa distancia entre los educadores y la demanda se vinculaba, a la vez, con la gran rotación docente existente en el Bachillerato a la que aludí previamente: cuando un educador se sumaba debía hacerse cargo en primer lugar de organizar su propuesta educativa, dictar clases, corregir los trabajos, sostener reuniones con su pareja pedagógica, etc. Parecía ser poco el tiempo de que disponían para, además, involucrarse en esta cuestión. Según me relataba Gaspar (un joven que se sumó primero como profesor al Bachillerato y que se consideró durante un tiempo militante del Movimiento):

> *(...) no me acuerdo muy bien las partes técnicas de la oficialización (...) la verdad es que yo nunca fui a las reuniones, pero confiaba en lo que me comunicaban los compañeros* [Gastón y Eugenia]. (Gaspar, entrevista 06/11/2012).

Gastón y Eugenia aparecían como los responsables –al menos tácticos– de obtener la oficialización y ellos mismos aludían a esa obtención como algo que se debía gestionar, por lo que comencé a preguntarme por qué –si la pareja poseía tantos saberes cotidianos asociados a la *gestión*– no habían tenido éxito también en *gestionar* la oficialización de esta experiencia educativa. El análisis de la última reunión que los dos militantes sostuvieron en el Ministerio de Educación provincial en el marco de esta negociación me permitió construir una interpretación para esbozar una respuesta a este interrogante: tal vez el fracaso se había debido –entre otros factores– a que los saberes cotidianos apropiados en el marco de las actividades territoriales no eran suficientes para gestionar cosas –materiales o simbólicas– en el marco de las actividades educativas.

La última de las reuniones sostenidas para intentar obtener la oficialización del Bachillerato Popular se realizó entre Eugenia, Gastón y la Secretaria de Educación de la provincia de Córdoba, segunda figura de importancia al interior del Ministerio de Educación provincial luego del Ministro. En esa reunión[8], que coronaba dos años de negociaciones, Eugenia y Gastón comenzaron por relatar una vez más –como habían hecho antes ante otros agentes estatales– todas las características del Bachillerato Popular, explicando la forma en que éste había sido creado, su modo de funcionamiento y argumentando lo necesaria que era esta experiencia educativa en una zona de la ciudad que no contaba con escuelas secundarias ni primarias para jóvenes y adultos.

Mientras otorgaban estas explicaciones iban desplegando al mismo tiempo –y como ocurría en las reuniones por los útiles escolares con Alejandro– las libretas de estudiantes, los bosquejos de programas por materia y los registros de la asistencia estudiantil efectuados por Eugenia. Junto a estos papeles se encontraban otros tantos reunidos en una carpeta: datos de funcionarios de Buenos Aires que habían "oficializado" los Bachilleratos Populares de aquella provincia, las actas de esas oficializaciones, los convenios firmados que habían sucedido a esas actas, entre otros. También iban pasando revista –como yo había visto hacer ante Alejandro– de todas las reuniones sostenidas hasta el momento, anclando el reclamo de esa reunión puntual en una historia de relaciones inter-personales con agentes y ámbitos estatales: un primer encuentro con el Ministro de Educación provincial, tres reuniones con el director del área de Educación de Jóvenes y Adultos, una con una inspectora del área. De cada una de ellas habían obtenido respuestas variadas, pero finalmente dilatorias.

La Secretaria de Educación se mostraba en principio confundida. No entendía cómo podían haber iniciado y sostenido una escuela sin contar previamente con el reconocimiento estatal –y sin saber si lo obtendrían alguna vez– y argumentaba además que no era posible enmarcar al Bachillerato bajo la figura de Gestión Social ya que no había lineamientos legales claros sobre la misma. Frente a este cuestionamiento, y haciendo uso de los saberes cotidianos que yo había visto desplegar a propósito de las reuniones por reclamos del sector territorial, los militantes sostuvieron que la interpretación de esa legalidad poco clara podía dirimirse no solo a favor del Bachillerato, sino también a favor del propio Ministerio de Educación provincial. En este sentido lo explicaba Gastón a la Secretaria de Educación:

> *Nosotros vemos que cuesta bastante en otros ámbitos, con algunos funcionarios en la Municipalidad, por ejemplo, con el tema cooperativas de trabajo (...) pero con el Ministerio de Educación provincial venimos avanzando en muchas gestiones (...) tenemos lo de los útiles todos los años, tenemos el plan FinEs (...) la verdad es que sabemos de su tinte progresista y por eso creemos que si el Bachillerato se oficializa y sale como Gestión Social, que es algo que está en la ley de educación de*

8 Toda la información recuperada directa o indirectamente de esta reunión corresponde al registro de observación y a la grabación realizada durante el mismo, la cual tuvo lugar el día 02/12/2011.

la Nación, saldríamos ganando todos (...) nosotros ganamos, pero el Ministerio también, porque ¿qué más progresista que sacarnos un título como Gestión Social? (...).

El conocimiento y manejo de las internas de la fuerza política gobernante (de nuevo presentado aquí como la posibilidad de que el Ministerio de Educación se exhiba como más "progresista" y alineado por tanto con el gobierno nacional) no pareció, no obstante, interesar a la funcionaria. Tampoco se había mostrado interesada en los papeles que se habían ido desplegando sobre la mesa a lo largo de la charla ni en la larga historia de vinculaciones entre los militantes y otras figuras del Ministerio (a propósito de ésta u otras negociaciones) que se había ido exponiendo. Era como si las artes aprendidas a dominar por Gastón y Eugenia en sus negociaciones con otros funcionarios y en tanto referentes territoriales no surtieran efecto en esta ocasión.

Ya habían pasado dos horas de reunión con la funcionaria y la discusión parecía completamente trabada: de hecho, comenzó a ponerse cada vez más tensa. Gastón fue subiendo lentamente el tono de voz, reiterando que ni él ni Eugenia se iban a ir con las manos vacías. Precisamente cuando se ponía más nervioso y luego de observarlo con una sonrisa irónica mientras hablaba, la Secretaria le preguntó: "*decime (...) ¿cuál es tu profesión?*". La pregunta descolocó tanto al militante que tuvo que repreguntar: "*perdón, ¿cómo dice? (...)*" a lo que ella respondió de nuevo risueñamente: "*lo que te pregunto es de qué trabajás*". Gastón enmudeció brevemente y luego respondió titubeante que hacía "*de todo (...)*" que había comenzado a "*estudiar varias carreras*" y que se encontraba en ese momento "*haciendo* changas[9]".

Como vimos en el capítulo I, a principios de la década de 2000 y en el marco de su inclusión en el MVA Gastón había optado por no trabajar formalmente: aunque en función de contactos familiares podría haber conseguido un empleo estatal bien remunerado, él había preferido percibir un plan social (lo cual suponía un ingreso mucho más magro que el representado por un trabajo asalariado) para poder dedicarse de tiempo completo a su militancia. En función de esa elección Gastón había sido beneficiario de distintos planes sociales, ingreso que complementaba efectivamente con distintas "changas" que realizaba junto a numerosas tareas domésticas y de cuidado de sus hijos.

El súbito enmudecimiento y la sorpresa de Gastón ante la pregunta de la funcionaria eran, desde mi interpretación, la prueba de que el militante no esperaba este tipo de cuestionamiento en un ámbito como el de las reuniones con funcionarios que creía conocer muy bien. Probablemente porque en ninguno de los otros ámbitos estatales –o en este mismo Ministerio pero con funcionarios de otro tipo– le hubieran realizado una pregunta como ésa:

---

9 Expresión popular utilizada en Argentina para referir a trabajos informales y esporádicos.

no lo hubiera hecho Alejandro, el "*bombero loco*" del Ministro destinado a atender a las organizaciones territoriales en sus reclamos por los útiles escolares; ni tampoco alguno de los técnicos de la Gerencia de Empleo y Capacitación Laboral de la Nación (con quienes las organizaciones negociaban los planes de trabajo cooperativo); ni mucho menos alguno de los funcionarios de mediano rango del Ministerio de Desarrollo Social de la provincia a los que les solicitaban chapas y colchones luego de un temporal o una inundación. En esos ámbitos, esos funcionarios no preguntan esas cosas porque están completamente habituados a recibir a referentes y militantes territoriales o a punteros/as políticos barriales: todos ellos y ellas, aunque desde diferentes posiciones ideológicas y con diferentes estrategias de construcción política, provienen de los barrios populares y viven en ellos, comparten la vida cotidiana con los vecinos y vecinas con los que hacen política y hacen de su militancia (aunque tal vez no todos ellos/as haciendo uso de este término) su actividad primordial de vida.

Contrariamente a esta clase de funcionario habituado a la relación cotidiana con este tipo de militante, la Secretaria de Educación del Ministerio provincial era una funcionaria "profesional", cuyos títulos se recordaban y exhibían en notas periodísticas, habituada a interactuar con docentes, directivos, inspectores, supervisores y, en todo caso, representantes gremiales de la docencia. En este despacho y en el marco de una negociación en torno a una experiencia educativa, desestabilizar al interlocutor realizándole una pregunta en la que subyacía el prejuicio social acerca de los militantes y referentes piqueteros o territoriales (prejuicio que sostiene que estos sujetos no trabajan y viven "de planes sociales" porque son "vagos") era un recurso válido. Al mismo tiempo, la respuesta "mentirosa" o más bien imprecisa de Gastón exponía su reconocimiento de la invisibilidad o al menos de la ilegitimidad que tenía en esa reunión y con esa funcionaria toda esa actividad militante desarrollada por él y convertida en su proyecto de vida: actividad que insumía su tiempo diario, que se orientaba a mejorar la vida de los sectores populares, que redundaba en una verdadera apropiación de saberes cotidianos y que le permitía acceder al plan social con el que costear, aunque humildemente, su subsistencia. Esa actividad no era reconocida –ni podía ser demandado su reconocimiento– como un *trabajo*: por eso debía ocultarla y ocultar, junto con ella, los saberes cotidianos que le iban asociados.

Luego de estos tensos intercambios la reunión concluyó con la promesa por parte de la Secretaria de volver a reunir a los militantes con el Ministro de Educación, cosa que no ocurrió. La oficialización del Bachillerato no se efectivizó nunca y, como vimos anteriormente, terminó por llevar –en combinación con otros procesos– al cierre de esa experiencia educativa. Más allá de ese fatídico final, lo que me interesa subrayar aquí es que las estrategias desplegadas durante la reunión con la Secretaria pueden asociarse a los saberes apropiados por los militantes en el marco de su militancia territorial y que esos saberes no eran exactamente los mismos que se precisaban en una instancia de negociación abierta a propósito de una actividad educativa, como lo era el Bachillerato. Esto era particularmente marcado en Córdoba porque allí, a diferencia de lo que ocurría en Buenos Aires, no existían otros movimientos que sostuvieran Bachilleratos Populares y con los cuales desplegar movilizaciones conjuntas. Esta situación llevaba a Eugenia y Gastón a intentar poner en juego al máximo los saberes cotidianos de la *gestión* apropiados como militantes territoriales.

La falta de reconocimiento de Gastón como figura que, desde su lugar de referente territorial, pudiera demandar la oficialización del Bachillerato había sido realizada en esta ocasión por una funcionaria. Sin embargo, como vimos en el capítulo II, también algunos activistas educativos ponían en cuestionamiento –o al menos no lograban comprender– el tipo de involucramiento, la identidad política y los saberes cotidianos asociados a la misma desde los cuales Gastón desplegaba esa militancia territorial ("*no sabemos qué es la territorial si no la cara de Gastón*", se lamentaba Julieta). Estas tensiones eran las que habían ido no solo confrontado más de una vez al militante con los activistas educativos sino también las que terminaron por alejarlo completamente de las actividades educativas: a pesar de haber oficiado durante un tiempo como profesor del Bachillerato y de alentar a José para que continuara participando del mismo –y asegurar al mismo tiempo una presencia "del Movimiento" allí– o de apoyar a Eugenia para que participara protagónicamente en el espacio FinEs, Gastón definió concentrarse exclusivamente en las actividades del sector territorial. Y su alejamiento de las actividades educativas no fue solo una decisión de divisiones de tareas al interior de la organización, ya que siguió expresando –en reiteradas oportunidades– su rechazo a los modos de involucramiento de los/as activistas educativos/as y los conflictos que él creía que seguirían existiendo en la organización mientras las actividades educativas persistieran.

Al analizar la trayectoria de Eugenia, en cambio, interpreto que la militante había hecho el recorrido inverso al de su pareja. Aunque había abandonado su profesión como maestra apenas había obtenido su título y para dedicarse exclusivamente a la militancia (primero en el MVA, luego en el Movimiento), Eugenia comenzó a reconectarse paulatinamente con su profesión durante la segunda mitad de la década de 2000. En un momento logró acceder inclusive a un cargo como maestra de grado, trabajo que ejerció al mismo tiempo que comenzaban a crecer y consolidarse las actividades educativas del Movimiento (y en las que ellas no solo participaba como educadora si no que tenía un rol implícito –más o menos consensuado con el resto de los educadores– como coordinadora). Cuando el Bachillerato Popular y el espacio FinEs funcionaban de manera contemporánea, Eugenia le dedicaba a estas dos actividades gran parte del tiempo que le quedaba disponible luego de su jornada laboral. Los fines de semana, mientras tanto, seguía acompañando a Gastón en los recorridos barriales que formaban parte de las rutinas de la militancia territorial.

En virtud de esta multiplicidad de actividades militantes en las que Eugenia se comprometía (sumadas a las responsabilidades laborales y domésticas) comenzó a referir que se sentía "desbordada" de tareas. En el marco de ese *desborde* comencé a registrar algunas situaciones conflictivas que la tenían por protagonista y que me invitaron a reflexionar sobre las transformaciones que Eugenia estaba experimentando en su militancia y en los saberes cotidianos asociados a ella. Un episodio en particular me resultó significativo: una pequeña discusión entre Eugenia y Rosa, una mujer que participaba como estudiante del Plan FinEs y que asistía además a las movilizaciones del sector territorial del Movimiento.

Un día, hacia el final de una clase de Lengua dictada por Hugo pero en la que estábamos presentes también Eugenia y yo –ya que una vez finalizada la clase tendríamos una de las Reuniones del Espacio de Educadores que yo coordinaba– sucedió que Rosa le recordó a Eugenia que hacía ya varias semanas que esperaba que le dieran su manual del área de Lengua[10]. Como Rosa era una de las varias mujeres que se había incorporado al espacio FinEs cuando el ciclo lectivo ya se había iniciado, Eugenia no la había incluido en el pedido inicial de manuales realizado ante el Ministerio de Educación. Al mismo tiempo, en el segundo pedido efectuado por la militante a lo largo del año tampoco había llegado la totalidad de los manuales pedidos: algunas de las áreas curriculares del plan (más precisamente, Lengua) estaban en falta, por lo que debía realizarse un nuevo reclamo. De modo bromista, Rosa le agregó al recordatorio efectuado a Eugenia respecto de su manual una pequeña amenaza: "*Acuérdate que si no me dan mi módulo* [manual] *de Lengua no vengo más a clases*", le dijo.

Lo que me pareció un chiste de la mujer dicho al pasar generó un intercambio tenso por lo bajo entre Rosa y Eugenia, intercambio que Rosa concluyó abandonando el local con un portazo. Un rato después, en la Reunión del Espacio de Educación, Eugenia se refería largamente a la angustia que le había provocado el reclamo efectuado por Rosa y que la había llevado a sostener ese intercambio tenso con ella:

> *¡Lo que Rosa no entiende es que es re burocrático todo! Es ir otra vez al Ministerio a hablar con la inspectora* [de jóvenes y adultos] *o a la escuela base a hablar con el director y* [simula diálogo] *"¿tenés los manuales?", "no los tengo todavía a los manuales" (...).* [Repite:] *"¿tenés los manuales?" "no tengo todavía los manuales" (...). ¡Y es cierto que el director no los tiene! Me los va a pichulear* [regatear, escamotear] *a mí porque a la vez se lo pichulearon a él desde* [el Ministerio] *(...). ¡Y en el Ministerio se los van a pichulear a él porque a su vez se*

10 Todos los registros citados directa o indirectamente en lo que resta de este apartado corresponden al Registro de Observación de la fecha 20/11/2011.

> *los pichulean desde* [el Ministerio de Educación de la] *Nación! (...). Yo ya les pedí a las mujeres* [las estudiantes] *que me tengan paciencia (...) les dije a todas que sean solidarias, que se presten los manuales entre ellas, que sientan que son parte de un colectivo.* (Eugenia, Reunión de Espacio de Educadores, 06/11/2010).

En esta exposición de argumentos dada por Eugenia me resultaba posible entrever las tensiones que desataba en la militante la confluencia entre distintos tipos de involucramiento militante y los saberes cotidianos asociados a ellos. Porque, como vimos en el apartado anterior, en el marco de las actividades territoriales un principio-saber manejado por los militantes es que *merece quien hace*: los vecinos y las vecinas merecen bolsones de mercadería o de útiles cuando marchan, cuando están bajo el sol del piquete o cuando asisten a las actividades de la organización. Esta regla tiene excepciones que se fundan también en un saber cotidiano: el de quién posee una necesidad o una circunstancia reales que justifiquen el merecimiento sin el hacer. Como contrapartida, los y las militantes territoriales –en tanto referentes– merecen paciencia y confianza por parte de los vecinos y las vecinas en función de su capacidad no solo para organizar las *acciones* sino fundamentalmente para acometer las *gestiones* que permitan acceder a los recursos.

Por este motivo, como releva Quirós (2009), en el universo de la militancia territorial culpabilizar al gobierno/al Estado porque nada se consigue no puede ser más que un argumento excepcional para justificar ante quienes se han movilizado el fracaso del reclamo. Es por esto que resulta habitual registrar la asociación entre obtención de recursos y capacidad de gestionar de los militantes antes que entre la primera y las actuaciones/políticas estatales. No porque no se comprenda que es en definitiva el Estado a quien se le disputan estos recursos por medio de la lucha, sino porque se sabe que parte de esa lucha se vincula a la realización de *acciones* pero que otra parte –para nada menor– se vincula con las *gestiones* llevadas a buen puerto por los y las referentes territoriales en función de saberes cotidianos específicos. Por esto no era extraño escuchar sentidos como los sostenidos por Mabel, vecina de Villa Los Sauces y referente territorial del lugar:

> *Hay muchas chicas que quieren venir con nosotros porque antes estuvieron con el Polo* [otra organización territorial] *pero no les funcionó (...) les decían que si iban a las marchas iban a tener planes pero después aunque iban igual no les conseguían.* (Mabel, referente de Villa Los Sauces, entrevista 24/02/2012).

Es en este sentido que algunas etnografías políticas (Borges, 2009; Quirós, 2009, 2011) debaten con la noción teórica de los movimientos sociales como *mediadores* entre la sociedad y el Estado. Consideran que a partir de la misma se encubre el poder de creación de principios de regulación de la conducta, de justicia y merecimiento que emanan de la cotidianeidad de las organizaciones:

> *É o movimento que dá o plano, que dá a cesta, registra, repassa o benefício, preenche as planilhas, reconhece o companheiro que trabalha e censura o que não trabalha. É ao movimento –não ao Estado– que as pessoas reclamam ou questionam em face de uma expectativa não cumprida. É com o movimento também que as pessoas se sentem comprometidas e agradecidas.* (Quirós, 2009, p. 139).

De la disconformidad de Eugenia con el hecho de que Rosa no entendiera que el verdadero responsable de la falta de manuales no era ella sino el Ministerio de Educación provincial (que le "pichuleaba" los manuales a ella porque a su vez el Ministerio de Educación nacional se los "pichuleaba" al ministerio cordobés) se vuelve posible inferir la ruptura de la militante con los principios de regulación imperantes en el sector territorial y con los saberes cotidianos que el involucramiento político en el mismo demandaba. Al dejar de demostrar su saber en torno a las actividades de gestión propias del sector territorial Eugenia perdía, a su vez, el derecho de reclamar paciencia y tolerancia por parte de Rosa.

La convergencia entre ambos grupos de actividades y los saberes asociados a ellos era para la militante un punto de inflexión: un punto en que al malestar que le generaban episodios como el vivido con Rosa se le sumaban el cansancio y el desborde devenidos de la combinación de las actividades educativas y territoriales junto a los compromisos laborales que Eugenia había ido adquiriendo a lo largo de los últimos años. Estos compromisos y las responsabilidades asociadas a ellos iban en el sentido contrario a la posibilidad de desarrollar una militancia de tiempo completo y poli-rubro como la que demandaban las actividades territoriales.

No resulta casual entonces que la alocución de Eugenia en la Reunión del Espacio de Educación (la cual transcribí unas páginas atrás) se finalizara con una prescripción "educativa". Ella les había dicho a las mujeres/estudiantes que debían "*ser solidarias*", "*prestarse los manuales*" y "*sentirse parte de un colectivo*". Ese tipo de prescripción denotaba que una y las otras eran diferentes, y por eso una (la militante/educadora) les decía a las otras (las mujeres-estudiantes y algunas de ellas también integrantes del sector territorial) cómo debían ser o comportarse. Era justamente ese tipo de prescripción la que nunca hubiera tenido lugar en el sector territorial del Movimiento: allí, parte de los saberes cotidianos de los que se debían apropiar los y las militantes territoriales iban exactamente en sentido contrario. Buscaban mimetizar las propias condiciones de vida con las de los sectores populares, en vistas a dejar de ser percibido como "*agente externo que va al barrio*" (y que si *va* al barrio es porque *viene* de otro lugar), retomando las recomendaciones que les efectuaban a Gastón y Eugenia desde el Frente cuando en Córdoba recién se iniciaba el trabajo territorial del Movimiento.

En ese sentido, mostrarse como alguien que daba indicaciones sobre cuáles eran buenas maneras de ser o de comportarse podía poner en peligro esos saberes cotidianos vinculados a la construcción de una cotidianeidad compartida (incluidas las necesidades compartidas) con las personas que participaban del sector territorial del Movimiento.

En la vida militante de Eugenia, los saberes cotidianos necesarios para tomar edificios públicos y "escrachar" a funcionarios estatales se habían reconvertido en aquellos que se precisaban para circular por ámbitos estatales, presionar a los funcionarios por medio de las *acciones* –movilizaciones y piquetes que se debían aprender a organizar– y la apertura de *gestiones* –que iba desde sostener reuniones con funcionarios, producir papeles que dieran cuenta de la existencia y la cantidad de personas que acompañaban un reclamo hasta saber repartir con justeza lo conseguido–. Unos años después, a partir de la llegada de nuevas camadas de activistas interesados en desarrollar actividades educativas, Eugenia había protagonizado debates y había sostenido controversias varias con el modo de involucramiento y con los sentidos y las prácticas de los y las activistas educativos/as. No obstante, y poco a poco, la creciente entrega de Eugenia a las actividades educativas y su apuesta por el desarrollo de su profesión habían hecho entrar en tensión –y en el marco de su propia trayectoria personal– la identidad, el modo de involucramiento y el conjunto de saberes cotidianos apropiados al calor de su militancia territorial. Prevalecían ahora los saberes apropiados a lo largo de los últimos años en función de su involucramiento en las actividades educativas y mucho más vinculados a su formación y su ejercicio profesional como docente.

Que las tensiones de las actividades educativas con las territoriales hubieran decantado en trayectorias diferentes de las identidades políticas de Eugenia y de Gastón –llevando a la mujer a especializarse en las primeras y al hombre a alejarse de ellas y dedicarse exclusivamente a las segundas– no es un hecho que, desde mi punto de vista, contradiga la importancia de los contextos socio-históricos en la configuración de los saberes cotidianos asociados a las militancias de cada época. Por el contrario, considero que los procesos analizados en este último apartado muestran, más bien, la complejidad del escenario socio-político en el cual buscaban construirse políticamente las organizaciones territoriales durante la década de 2010. En ese escenario se volvía necesaria la vinculación con otras organizaciones a la hora de movilizare –ya que casi ninguna organización territorial tenía la fuerza de convocatoria suficiente para movilizar por sí sola a grandes cantidades de personas– y también la articulación con nuevos actores políticos –como los estudiantes universitarios y terciarios interesados en desarrollar "trabajo barrial" aunque desde una militancia especializada en las actividades educativas o culturales–.

Al mismo tiempo, y en el caso específico del Movimiento, estas nuevas coordenadas se daban en el seno de una organización cuyos fundadores provenían de una militancia asociada fuertemente a la tradición política piquetera forjada en otro momento histórico y al calor de otras condiciones socio-políticas. Las tensiones desatadas en la confluencia de estos procesos eran lógicas aunque no necesariamente cancelaban las nuevas apuestas y podían dar por resultado modos de involucramiento político y de saberes cotidianos diferentes entre sí, pero capaces de convivir con mayor o menor éxito y con más o menos fricciones al interior de la organización. Lo que surgiría de esa confluencia no podía ser previsto de antemano: solo podría verse más adelante y con el paso del tiempo. Sin embargo, hasta aquí llegan los límites de esta investigación y los procesos que me he propuesto abordar en la misma.

*

A lo largo de este capítulo vimos cómo Eugenia y Gastón se apropiaron de una serie de saberes cotidianos en el marco de su militancia territorial y de su rol como referentes territoriales del Movimiento. En el contexto socio-histórico en que esa militancia se desplegaba, requería del manejo de destrezas y de formas de saber-hacer vinculadas tanto a la organización y realización de *acciones* como a los conocimientos referidos a la ejecución de *gestiones*. Fue a partir de esos saberes de la *gestión* –y en el marco de un contexto en el que no aparecían como viables las *acciones*– que estos dos militantes intentaron obtener la oficialización del Bachillerato Popular. Sin embargo, estos saberes no resultaron suficientes para obtener la oficialización: ellos eran limitados en tanto se vinculaban a un modo de involucramiento político que era pasible de ser impugnado desde los ámbitos estatales y en el marco de una demanda asociada a una experiencia educativa como el Bachillerato. Por último, a partir del análisis de una pequeña discusión entre Eugenia y una estudiante que participaba del sector territorial del Movimiento busqué mostrar cómo la confluencia entre las actividades territoriales y las actividades educativas no solo tensaba a distintos actores articulados en torno a las mismas sino inclusive las propias trayectorias de militancia de los sujetos.

REFLEXIONES FINALES

En la Introducción de este libro vimos que, desde hace un largo tiempo, los estudios latinoamericanos sobre antropología o etnografía de la educación sostienen que las instituciones educativas son instituciones situadas social e históricamente y atravesadas por procesos cotidianos tanto de reproducción del *status quo* como de apropiación cultural de saberes, prácticas y sentidos colectivos. Contrariamente a lo que muchos campos o líneas de investigación sostienen, esta perspectiva ha contribuido a relativizar la idea de que la escuela estatal porta una esencia predeterminada, una pedagogía única (vetusta y tradicional) o que está vinculada de manera monolítica y siempre exitosa a la tarea de reproducir las relaciones de dominación. Por el contrario, dentro de las escuelas suceden infinita variedad de cosas: se despliegan procesos múltiples, se recuperan, se modifican y se transforman las normativas oficiales, se encuentran, cooperan y confrontan sujetos heterogéneos, se sufren, se aceptan y se resisten –y a veces, las tres cosas al mismo tiempo– los embates de políticas macro-económicas que atentan contra los intereses de las mayorías. Asumir el desafío de dar cuenta de manera genuina de lo que ocurre en los cotidianos escolares invita a dejar de pensar en "la" escuela para pensar en "las" escuelas y en todo aquello que sucede a causa de las determinaciones estructurales pero también a pesar de esas mismas determinaciones.

Si me detuve a explicitar desde el inicio de este libro los aportes de esta perspectiva de análisis es porque la considero sumamente valiosa para reflexionar también en torno a las experiencias educativas cuya institucionalidad no es tan clara o tan nítida como la de la escuela estatal. Experiencias como las que he analizado en estas páginas: impulsadas por iniciativa de un movimiento social contestatario, surgidas desde la "sociedad civil", vinculadas a activismos políticos de distinto tipo, desarrolladas en un local político, en un Centro Vecinal o en el patio de una casa en un asentamiento urbano. Es decir, ámbitos y prácticas poco asociados desde diversos discursos sociales (entre ellos, el académico) con el universo escolar y, más bien, identificados con los sentidos exactamente antagónicos a ese universo.

Lo que intenté hacer a lo largo de este texto fue iluminar cómo en estos contextos –menos formales, menos controlados, más vinculados a un activismo o a un proyecto político contestatario– también suceden procesos complejos, heterogéneos y contradictorios y se establecen relaciones constantes con los ámbitos estatales y sus agentes y con los sentidos, los objetos y las prácticas educativas provenientes del sistema educativo oficial. Procesos múltiples y de sentido imprevisible que difícilmente sea posible reconstruir si no se suspende la atribución anticipada de características novedosas, disruptivas y contra-hegemónicas a las experiencias educativas emprendidas por los movimientos y las organizaciones sociales.

Las contribuciones específicas que espero haber realizado a partir de este trabajo pueden asociarse a los procesos analizados en cada uno de los cuatro capítulos que componen este libro. Arribé en ellos a algunos planteos que quisiera proponer a modo de conclusiones provisionales y como cierre de este libro.

En el primer capítulo indagué en los procesos en el marco de los cuales fue fundado el Movimiento y sus integrantes comenzaron a desarrollar actividades educativas. A partir de ese análisis, propuse que las actividades educativas comenzaron a desarrollarse en ciertas organizaciones sociales –como el Movimiento– en función de unas coordenadas socio-históricas específicas: aquellas en virtud de las cuales se debilitó la identidad política en torno a la que estas organizaciones se habían construido (la de los trabajadores desocupados). En las nuevas coordenadas, estas organizaciones pasaron a identificarse como "territoriales" y privilegiaron un activismo más centrado en la atención a problemáticas "barriales" y menos en la movilización constante y en las "tomas" de espacios públicos. En ese marco se produjo una confluencia con nuevos actores sociales, fundamentalmente jóvenes estudiantes nucleados o no en agrupaciones estudiantiles. Estas nuevas camadas de activistas se abocaron a desarrollar actividades culturales o educativas en los barrios en los que ya existía el trabajo de las organizaciones, lo que llevó a una confluencia entre distintos tipos de actividades (en el caso del Movimiento, actividades educativas y territoriales) y entre distintos estilos de involucramiento político asociados a cada una de esas actividades.

Más allá de estos procesos que configuraron la aparición de estas actividades educativas en el seno de organizaciones de este tipo restituí también algunos elementos del campo educativo que empalmaron con esos procesos políticos. Me refiero a la escasez o carencia de instituciones educativas para jóvenes y adultos en la zona donde funcionaron las experiencias educativas del Movimiento y también a diversas actuaciones estatales que se entramaron con la existencia de estas experiencias, tales como la creación de la figura de escuelas de Gestión Social o el lanzamiento de planes educativos como el FinEs Primaria, pensados para ser puestos en funcionamiento por (entre otros actores sociales) las organizaciones territoriales.

En el segundo capítulo analicé algunos procesos significativos que se sucedieron en el marco del Bachillerato Popular para Jóvenes y Adultos emprendido por el Movimiento en asociación con una gran cantidad de activistas educativos que no pertenecían a la organización. A partir del análisis de diversas escenas cotidianas, intenté dar cuenta de la heterogeneidad de sujetos, expectativas y sentidos políticos y educativos que circulaban en esta experiencia. Respecto de quienes oficiaban de educadores, registré distintas tensiones en torno al uso de objetos o prácticas tales como registros de la asistencia estudiantil, calificaciones numéricas o propuestas curriculares. Propuse que para los miembros del Movimiento –y en particular para quienes se habían formado como militantes territoriales– el sentido político del Bachillerato se anclaba en la posibilidad de vinculación de los estudiantes con las actividades "territoriales" de la organización. Para la generación de activistas educativos en cambio, el énfasis estaba puesto en el despliegue de una serie de prácticas docentes entendidas como opuestas al sistema educativo formal. No obstante, y más allá de estas diferentes posiciones, en el Bachillerato circulaban de manera generalizada sentidos, prácticas y rituales que vinculaban a esta experiencia con el universo de la educación oficial: materiales educativos, propuestas curriculares, clases que se dictaban en el Bachillerato y se replicaban luego en un ámbito oficial –y posiblemente también a la inversa– se constituían como objetos culturales disponibles de los cuales los educadores y las educadoras se apropiaban para ponerlos a funcionar de modo heterogéneo.

Tanto en relación con las actuaciones docentes como en relación a las estudiantiles concluí que experiencias educativas como el Bachillerato Popular (e inclusive más allá de la demanda al Estado por su oficialización) no se instituyen "en soledad" o solo referenciadas en pedagogías "emancipadoras". Por el contrario, las instituciones educativas estatales, sus dispositivos, sus rituales, sus sentidos pedagógicos son un referente obligado y desde estas experiencias se establece una *dinámica mimética* con ellos. Pero ni el peso de esta referencia –que está dado precisamente por la naturaleza hegemónica del Estado y sus instituciones educativas– ni esta dinámica mimética funcionan solo en términos de coacción o delimitando en todo sentido qué se puede o qué no se puede hacer en términos educativos: también se constituye como una referencia desde la cual recuperar saberes para seguir aprendiendo/enseñando, para retomar secuencias de contenido que faciliten la tarea docente o para apropiarse de dispositivos políticos con los cuales resolver conflictos educativos cotidianos, tal como hicieron los estudiantes del Bachillerato a propósito de la propuesta educativa de la clase de matemática

En el tercer capítulo indagué en la implementación de un programa educativo oficial (Plan FinEs Primaria) en el contexto del Movimiento. Propuse, en primer lugar, que la llegada de este programa trajo aparejadas una serie de transformaciones sobre una actividad educativa previa y que se solapó con otras políticas y actuaciones estatales presentes en la cotidianeidad de la organización. En segundo lugar, busqué dar cuenta tanto de la valoración de ciertos objetos y bienes educativos hegemónicos (las certificaciones educativas, los manuales oficiales del plan) como de los procesos de apropiación realizados sobre esos objetos y bienes por parte de los/as activistas que participaron como educadores/as en esta experiencia (a partir de la complementación de los manuales con otros materiales didácticos, de la adopción de una modalidad presencial o de la dilación de los tiempos de graduación, entre otros). Por último, indagué en los sentidos desde los cuales las mujeres que asistían como estudiantes a esta experiencia educativa significaban su participación en la misma. Propuse que esos sentidos eran múltiples y mixturados y que su construcción evidenciaba procesos de apropiación estudiantil sobre esta experiencia. Además, sostuve que entre esos sentidos fue posible reconocer algunos vinculados a las motivaciones políticas de las estudiantes para asistir a esta experiencia educativa: motivaciones que eran formuladas de un modo que desafiaba las formas bajo las cuales yo esperaba encontrar la politización de las estudiantes.

En el último capítulo, reconstruí algunos de los saberes cotidianos apropiados por Eugenia y Gastón en función de su militancia territorial, apropiación que concebí como una experiencia educativa más que se desarrollaba –aunque de manera implícita y asistemática– en el contexto del Movimiento. Puntualicé que en función de un contexto socio-histórico específico esos saberes cotidianos se vinculaban tanto con la organización de *acciones* como con el acometimiento de tareas de *gestión*. A partir de unas y de otras los dos militantes se construían como referentes territoriales, se especializaban en determinadas tareas y se apropiaban de estrategias forjadas no solo en su interrelación con los y las vecinas de los barrios y asentamientos sino también con los funcionarios y los ámbitos estatales. Por último, propuse que el surgimiento y el desarrollo de las actividades educativas del Movimiento y el involucramiento de estos dos militantes en las mismas tensaba los saberes cotidianos de los que se habían apropiado en las actividades territoriales. Esas tensiones terminaron dirimiéndose a partir de la construcción de caminos diferenciales para cada uno de ellos y en el marco de unas coordenadas socio-históricas que los enfrentaban a dilemas previamente desconocidos.

Quisiera proponer ahora que una mirada de conjunto de los análisis desplegados en cada uno de estos cuatro capítulos permite puntualizar en dos contribuciones generales que espero haber realizado con este trabajo. La primera de ellas es haber iluminado a partir de un análisis concreto que, lejos de tratarse de dos universos educativos antagónicos, el sistema educativo oficial y las experiencias educativas de los movimientos sociales (identificadas con la educación popular) comparten sentidos, prácticas, objetos y rituales. Los usos heterogéneos de estos elementos, los procesos de apropiación que se realizan sobre los mismos –por parte de educadores y de estudiantes– y también los condicionamientos que imponen los distintos contextos sociales configuran aquello que ocurre en las escuelas del sistema educativo oficial –como tantas veces lo ha mostrado la etnografía educativa latinoamericana– pero también lo que sucede en experiencias educativas impulsadas por movimientos sociales y/o surgidas "por fuera" de ese sistema y/o vinculadas informalmente a él.

La segunda de estas contribuciones generales es haber evidenciado que, más allá de la relación constante que se establece con el sistema educativo oficial, estas experiencias educativas tienen una especificidad propia y vinculada a la dimensión de la política colectiva en el marco de la cual crecen y se desarrollan. Por eso hemos visto cómo se desarrollaban al interior del Bachillerato Popular debates acerca de la legitimidad de los distintos modos de involucramiento político, o cómo las estudiantes del plan FinEs hacían de ese espacio –aunque de manera propia y particular– un lugar donde tejer estrategias colectivas para enfrentar la violencia. Al mismo tiempo, los saberes cotidianos apropiados por Eugenia y Gastón en el marco de la militancia territorial se traman –en tanto experiencia educativa– con todo un proyecto de construcción política vinculado a la militancia con sectores populares. Reconstruir estos procesos permitió reconstruir algo de esa especificidad, lo cual no es equivalente a retomar los discursos políticos o ideológicos de los militantes de los movimientos y hacer de ellos la evidencia de lo que ocurre en las organizaciones sociales o en sus experiencias educativas.

Mi deseo es que estas contribuciones generales sirvan no solo para expandir el campo de objetos de estudio de la investigación etnográfica o antropológica en educación o de los estudios de antropología política, sino que sean útiles también para los movimientos sociales que emprenden experiencias educativas. Considero que realizar una mirada atenta a la multiplicidad de actores involucrados en estas experiencias, a los procesos estructurales que configuran la realidad cotidiana, que dé cuenta de las controversias y de los dilemas pero también de los aciertos y las capacidades colectivas, puede abonar a esclarecer ciertas dinámicas generales que atraviesan estos espacios. Dinámicas respecto de las cuales quienes forman parte de estas experiencias no siempre tienen el tiempo, la disponibilidad o la distancia necesaria para investigar con detenimiento. Desde luego, contemplo también la posibilidad de que muchas de las personas que lean estas páginas y que participan de experiencias educativas "como éstas" no se sientan identificadas con lo que aquí describí y analicé, pero no dudo en el valor que pueda tener poner en debate las apreciaciones propias con las ajenas.

Por último, espero que esta contribución abone también el campo de las políticas públicas en educación. Ojalá el análisis desplegado en estas páginas haya servido para evidenciar que aún existen numerosas situaciones de exclusión educativa (por caso la falta de escuelas de jóvenes y adultos en distintas zonas de las grandes ciudades), que muchas actuaciones estatales de tan imprecisas se vuelven inutilizables (como la creación de la figura de escuelas de Gestión Social) o que la eficacia real de los programas educativos (como el Plan FinEs Primaria) depende en gran medida de las múltiples apropiaciones formuladas por sujetos que activamente construyen criterios pedagógicos que contradicen las normativas oficiales. Espero entonces que estas páginas hayan sido útiles para recordarles a quienes formulan políticas educativas que las actuaciones estatales pueden y deben reconocer no solo las deudas educativas de nuestra región sino también la genuina agencia y la creatividad que las organizaciones y movimientos sociales aportan en relación a las necesidades de los sectores populares.

Para finalizar, solo quisiera recordar que este libro –como todo acto de investigación y de escritura– se encuentra incompleto. Muchas aristas de las realidades políticas y educativas aquí estudiadas se han dejado sin abordar lo suficiente y muchas nuevas preguntas e interrogantes me han surgido a partir de las sucesivas re-lecturas de estas páginas, o en virtud de los procesos sociales y educativos que se transforman continuamente. Descanso por lo pronto en la convicción de haber confrontado algunos de los estereotipos que se sostienen sobre las experiencias educativas desarrolladas por movimientos y organizaciones sociales y entre los que incluyo centralmente mis propios estereotipos y prejuicios. Restará a los lectores y lectoras juzgar la destreza con la que realicé a lo largo de estas páginas ese distanciamiento y esa confrontación.

REFERENCIAS BIBLIOGRÁFICAS

Achilli, E. (1998). Vivir en la pobreza urbana. El derecho a una interculturalidad no excluyente. *Lote, 18*. Disponible en: [www.fernandopeirone.com.ar/Lote/.../achilli.htm].

Achilli, E. (2001). Antropología y políticas educativas interculturales (notas sobre nuestro quehacer en contextos de desigualdad social). *Claroscuro, 1*, 57-74.

Achilli, E. (2005). *Investigar en antropología social. Los desafíos de transmitir un oficio*. Laborde.

Achilli, E. (2008). *Investigación y Formación Docente*. Laborde.

Achilli, E. (2009). *Escuela, Familia y desigualdad Social. Una antropología en tiempos neoliberales.* Laborde.

Achilli, E. (2015). Hacer antropología. Los desafíos del análisis a distintas escalas. *Boletín de Antropología y Educación. Número Especial dedicado al III Seminario-Taller Red de Investigación en Antropología y Educación (RIAE)*, 103-107.

Achilli, E. (2016). Trabajo docente, Formación e Investigación. Notas alrededor de pedagogías sociales invisibles. *1er. Congreso Nacional de Educación primaria, rural y especial.* Facultad de Humanidades, Artes y Ciencias Sociales, Universidad Autónoma de Entre Ríos, Paraná.

Althusser, L. (1988). *Ideología y aparatos ideológicos del Estado. Freud y Lacan*. Nueva Visión.

Arrieta, R. (2013, 5 de marzo). *Jóvenes y Adultos. Una mirada desde las políticas educativas actuales* [ponencia]. X Reunión de Antropología del Mercosur. X RAM. Córdoba, Argentina.

Arrieta, R. y Lorenzatti, M. del C. (2017). La escuela de jóvenes y adultos: un espacio para aprender ´la charla´ y la ´buena escritura´. En A. F. R. de Freitas, M. L. de Q. Freitas, y N. N. A. Ribeiro (orgs.). *Os sentidos da formação em rede: observações sobre as práticas de leitura e das práticas dos leitores*, (pp. 139-152). Edufal.

Arrieta, R. y Montenegro, G. (2012). *Escuela y organizaciones sociales: una experiencia en educación de adultos* [tesis de grado no publicada, Universidad Nacional de Córdoba].

Baudelot, C. y Establet, R. (1975). *La escuela capitalista en Francia.* Siglo XXI.

Bellier, I. (2008). De lo lejano a lo cercano. Reflexiones sobre el pasaje de un campo exótico al campo de las instituciones públicas. En C. Ghasarian (ed.). *De la etnografía a la antropología reflexiva. Nuevos campos, nuevas prácticas, nuevas apuestas*, (pp. 53-75). Ediciones del Sol.

Borges, A. (2009). O emprego na política e suas implicações teóricas para uma antropologia da política. En M. Grimberg, M. I. Fernández Alvarez y R. Carvalho (edits.). *Estado y movimientos sociales: estudios etnográficos en Argentina y Brasil*, (pp. 179-203). Antropofagia.

Bourdieu, P., Chamboredon, J. C. y Passeron, J. C. (1975). *El oficio de sociólogo*. Siglo XXI.

Bourdieu, P. y Passeron, J.C. (1977). *La Reproducción. Elementos para una teoría del sistema de enseñanza*. Laia.

Bourgois, P. (2010). *En busca de respeto. Vendiendo crack en Harlem*. Siglo XXI.

Bowles, G. y Gintis, H. (1981). *La instrucción escolar en la América capitalista*. Siglo XXI.

Caisso, L. (2012a). Una visita al ministerio de educación provincial. Etnografía de prácticas y saberes en torno a la oficialización de un Bachillerato Popular. *Revista de la Escuela de Antropología, 18*, 149-162.

Caisso, L. (2012b). Una aproximación a un plan educativo para jóvenes y adultos desarrollado por una organización social (Córdoba, Argentina). *Revista Interamericana de Educación de Adultos, 34*(2), 29-43.

Caisso, L. (2013). '¡No sé nada sobre educación popular!', o acerca del itinerario de una categoría en una investigación etnográfica. *Boletín de Antropología y Educación, 4*(6), 7-11.

Caisso, L. (2014). Movimientos sociales y Estado en la configuración de experiencias educativas. *Intersecciones en Antropología, 14*, 399-407.

Caisso, L. (2017). Educación popular, educación tradicional: análisis etnográfico de un conflicto en un Bachillerato Popular. *Etnográfica, 21 (2),* 341-364.

Carranza, A. (2000). Pedagogía, escuela y reforma educativa. *Cuadernos de educación, 1*, 11-18.

Carrera, C. (2020). *Aprendiendo a ser sociólogxs. Prácticas de lenguaje, militancia y formas de sociabilidad en la Universidad.* Miño y Dávila.

Celertti, L. (2008). Educación y (des) igualdad: un análisis del Programa Integral para la Igualdad Educativa desde la investigación etnográfica. *Runa* 28: 11-29.

Cerletti, L. (2010). *Una etnografía sobre las relaciones entre las familias y las escuelas en contextos de desigualdad social* [tesis de doctorado no publicada, Universidad de Buenos Aires].

Chartier, R. (1995). Cultura popular: revisitando um conceito historiográfico. *Estudos Históricos, 8*(16), 179-192.

Córdoba, M. y Rubinstain, M. (2010, 16 de noviembre). *'Ni privado ni estatal, bachillerato popular...' Reflexiones sobre experiencias alternativas al sistema educativo oficial* [ponencia]. II Jornadas Internacionales de Problemas Latinoamericanos. Córdoba, Argentina.

Corrigan, P. y Sayer, D. (2007). El gran arco. La formación del Estado inglés como revolución cultural. *Antropología del Estado, Cuadernos de Futuro, 23*, 39-117.

Cragnolino, E. (2001). *Educación y Estrategias de reproducción social en familias de origen campesino* [tesis de doctorado no publicada, Universidad de Buenos Aires].

Cragnolino, E. (comp.) (2007). *Educación en los espacios sociales rurales.* Serie Colecciones. Estudios sobre Educación. Universidad Nacional de Córdoba.

Cragnolino, E. y Lorenzatti, M. Del C. (2008). Informe Final del Proyecto "Escolaridad Básica y cultura escrita en los jóvenes y sus familias: una trama compleja para pensar la intervención educativa". Entidad Financiadora: CREFAL. Centro de Investigaciones María Saleme de Bournichon. Facultad de Filosofía y Humanidades. Universidad Nacional de Córdoba.

Crehan, K. (2004). *Gramsci, cultura y antropología*. Bellaterra.

Crehan, K. (2019). *El sentido común en Gramsci. La desigualdad y sus narrativas*. Morata.

Cura, F. (2010, 6 de agosto). Procesos de militancia y políticas de ocupación transitoria en un barrio de la zona norte del Gran Buenos Aires [ponencia]. VI Jornadas de Investigación en Antropología Social. Buenos Aires, Argentina.

De Certeau, Michel (1996). *La invención de lo cotidiano, las artes de hacer.* Universidad Iberoamericana.

Delamata, G. (2004). *Los barrios desbordados*. Eudeba.

Dorado, A., Echegaray, G. y Ruiz, C. (2010, 16 de noviembre). *La dimensión educativa de los movimientos sociales. Un aporte para pensar la interpelación al Estado desde los espacios educativos de las organizaciones populares* [ponencia]. II Jornadas Internacionales de Problemas Latinoamericanos. Córdoba, Argentina.

Elisalde, R. (2008). Movimientos sociales y educación: Bachilleratos Populares en empresas recuperadas y organizaciones sociales. Experiencias pedagógicas en el campo de la educación de jóvenes y adultos. En M. Ampudia y R. Elisalde (comps.). *Movimientos sociales y educación. Teoría e historia de la Educación Popular en Argentina y América Latina*, (pp. 65-103). Buenos Libros.

Ezpeleta, J. (2004). Innovaciones educativas. Reflexiones sobre los contextos en su implementación. *Revista Mexicana de Investigación Educativa*, 9 (21), 404-423.

Ezpeleta, J. y Rockwell, E. (1983). Escuela y clases subalternas. *Cuadernos Políticos, 37*, 70-80.

Féliz, M. y López, E. (2012). Proyecto Neodesarrollista en la Argentina. ¿Modelo Nacional-Popular o nueva etapa en el desarrollo capitalista? El Colectivo y Herramienta.

Finnegan, F. (2009, s/f). *Educación Popular y Educación de Jóvenes y Adultos: Algunas reflexiones sobre un diálogo complejo entre tradiciones diversas* [ponencia]. II Seminario Internacional de Alfabetización en el Siglo XXI. Buenos Aires, Argentina.

Fornillo, B., García, A. y Vázquez, M. (2008). Perfiles de la Nueva Izquierda en la Argentina reciente. Acerca de las transformaciones de los movimientos de trabajadores de desocupados autónomos. *Nómadas, 19*. [http://redalyc.uaemex.mx].

Franco, M. J. y Medina, L. (2011, 6 de diciembre). *La protesta territorial en Córdoba entre el auge y la crisis neoliberal (1989-2003)* [ponencia]. VI Jornadas de Jóvenes Investigadores. Instituto de Investigación Gino Germani. Buenos Aires, Argentina.

Freyre, M. L. (2013). Políticas de empleo. Programas sociales con condicionalidad. El caso del Plan Jefes y Jefas de Hogar Desocupados en una localidad pobre de Córdoba. *Trabajo y Sociedad, 21*, 495-514.

Gago, V., Mezzadra, S., Scolnik, S. y Sztulwark, D. (2014). ¿Hay una nueva forma-Estado? Apuntes latinoamericanos. *Revista internacional de Filosofía Iberoamericana y Teoría Social, 66*, 177-183.

García, J. (2011a). Bachilleratos Populares y 'autonomía': ¿espacios de la *transformación* o de la *reproducción*? En *Boletín de Antropología y Educación*, 2. [http://antropologia.institutos.filo.uba.ar/sites/antropologia.institutos.filo.uba.ar/files/bae_n02a02.pdf].

García, J. (2011b). *Aprendiendo a hacer escuelas. Las complejas y dinámicas relaciones entre Bachilleratos Populares y Estado* [tesis de maestría no publicada, Universidad de Buenos Aires].

García, J. (2016). Bachilleratos Populares y Estado: relaciones complejas y dinámicas. *Revista PUBLICAR. En Antropología y Ciencias Sociales, 14*(21), 25-46. [http://ppct.caicyt.gov.ar/index.php/publicar/issue/view/619/showToc].

García, J. (2018). *La producción cultural del sujeto crítico: construcciones de conocimientos en "Bachilleratos Populares"* [tesis de doctorado no publicada, Universidad de Buenos Aires].

GEMSEP (2015). Relevamiento Nacional de Bachilleratos Populares de Jóvenes y Adultos. Disponible en: [https://www.academia.edu/40720491/ Relevamiento_Nacional_de_Bachilleratos_Populares_de_J%C3%B3venes_y_Adultos].

Ghasarian, C. (2008). Por los caminos de la etnografía refllexiva. En C. Ghasarian (ed.). *De la etnografía a la antropología reflexiva. Nuevos campos, nuevas prácticas, nuevas apuestas*, (pp. 9-42). Ediciones del Sol.

Ginzburg, C. (1999). *El queso y los gusanos*. Muchnik Editores.

Gledhill, J. (2000). *El poder y sus disfraces. Perspectivas antropológicas de la política*. Ediciones Bellaterra.

Gluz, N., Burgos, A. y Karolinski, M. (2008, 18 de febrero). *Movimientos sociales, educación popular y escolarización "oficial": la autonomía "en cuestión"* [ponencia]. I Jornadas de Problemas Latinoamericanos. Mar del Plata, Argentina.

Gluz, N. y Safocarda, F. (2007). Autonomía Escolar: perspectivas y prácticas en la construcción de proyectos políticos. *Educação: Teoria e Prática, 17*(29), 11-32.

Gordillo, M., Arriaga, A. E., Franco, M. J., Medina, L., Natalucci, A. y Solis, A. C. (2012). *La protesta frente a las reformas neoliberales en la Córdoba de fin de siglo*. Ferreyra.

Gramsci, A. (1983). *Introducción a la filosofía de la praxis*. Premia Editora.

Gramsci, A. (2012). *Antología*. Siglo XXI.

Grassi, E., Hintze, S. y Neufeld, M. R. (1994). *Políticas Sociales, Crisis y Ajuste Estructural*. Espacio Editorial.

Gutiérrez, M. (28 de julio de 1999). La catedral ocupada de Córdoba. *Página/12*. Recuperado de: [https://www.pagina12.com.ar/1999/99-07/99-07-28/pag17.htm].

Heller, A. (1977). *Sociología de la vida cotidiana*. Península.

Kalman, J. (2004). *Saber lo que es la letra. Una experiencia de la lectoescritura con las mujeres de Mixquic*. Siglo XXI.

Kalman, J. (2011). ¡Dile que haga la comida él! El significado de la alfabetización y la escolaridad en la vida de las mujeres pobres de la ciudad de México. En M. del C. Lorenzatti (comp.). *Procesos de literacidad y acceso a la educación básica de jóvenes y adultos*, (pp. 39-65). Narvaja.

Langer, E. (2010). *Prácticas discursivas y dificultades en el hacer de estudiantes y docentes en un bachillerato popular. Tensiones y alcances en la producción de resistencia desde un dispositivo pedagógico emergente* [tesis de Maestría no publicada, Facultad Latinoamericana de Ciencias Sociales, Sede Argentina].

La Voz del Interior (15 de abril de 2010). La matrícula en secundario de adultos sumó tres mil alumnos. Recuperado de: [https://www.lavoz.com.ar/content/la-matricula-en-secundarios-de-adultos-sumo-tres-mil-alumnos-alumnos].

López Fittipaldi, M. (2015a). *Movimientos sociales y educación. Un análisis antropológico del proceso de construcción de un Bachillerato Popular en la ciudad de Rosario* [tesis de grado no publicada, Universidad Nacional de Rosario].

López Fittipaldi, M. (2015b). Movimiento social y experiencia educativa. Estrategias para enfrentar el "problema de la asistencia" y el "abandono escolar" en un "Bachillerato Popular" de la ciudad de Rosario. *Revista de la Escuela de Antropología, 21*, 89-105.

López Fittipaldi, M. (2017). Derecho a la ciudad y una experiencia educativa popular. *Iluminuras, 18* (45), 350-368. [https://doi.org/http://dx.doi.org/10.22456/1984-1191.79138].

Lorenzatti, M. del C. (1993, junio). *Regímenes Especiales: una definición política* [ponencia]. Coloquio "A 10 años de la Ley Federal ¿educación para todos?". Córdoba, Argentina.

Lorenzatti, M. del C. (2007). *Saberes y conocimientos acerca de la cultura escrita: un trabajo de maestros de jóvenes y adultos*. Editorial de la Universidad Nacional de Córdoba.

Lorenzatti, M. del C. (2009). *Conocimientos, prácticas sociales y usos escolares de cultura escrita de adultos de baja escolaridad* [tesis doctoral no publicada, Universidad Nacional de Córdoba].

Lorenzatti, M. del C. (2018). *Conocimientos, prácticas sociales y usos escolares de cultura escrita de adultos de baja escolaridad.* Pátzcuaro, CREFAL.

Maldonado, M. (2000). *Una escuela dentro de una escuela. Un enfoque antropológico sobre los estudiantes secundarios en una escuela pública de los '90*. Eudeba.

Manzano, V. (2004a). Movimientos sociales y protesta social desde una perspectiva antropológica. En M. R. Neufeld (comp.). *Antropología Social y Política. Desigualdad y Acción Colectiva*, (pp. 45-60). Oficina de Publicaciones de la Facultad de Filosofía y Letras.

Manzano, V. (2004b). Tradiciones asociativas, políticas estatales y modalidades de acción colectiva: análisis de una organización piquetera. *Intersecciones en Antropología, 5*, 153-166.

Manzano, V. (2007). *"De La Matanza Obrera a Capital Nacional del Piquete". Etnografía de procesos políticos y cotidianos en contextos de transformación social* [tesis de doctorado no publicada, Universidad de Buenos Aires].

Manzano, V. (2008). Etnografía de la gestión colectiva de políticas estatales en organizaciones de desocupados de La Matanza-Gran Buenos Aires. *Runa, 28*, 77-92.

Manzano, V. (2009). Piquetes y acción estatal en Argentina: un análisis etnográfico de la configuración de los procesos políticos. En M. Grimberg, M. I. Fernández Alvarez y R. Carvalho (edits.). *Estado y movimientos sociales: estudios etnográficos en Argentina y Brasil*, (pp. 15-36). Antropofagia.

Manzano, V. (2010). El hacerse y (des)hacerse del movimiento. Sobre espacios etnográficos y espacios en movimiento en el Gran Buenos Aires. En M. Grimberg, M. Ernandez Macedo y V. Manzano (edits.). *Antropología de tramas políticas colectivas. Estudios en Argentina y Brasil*, (pp. 307-340). Antropofagia.

Manzano, V. (2011). La política de los movimientos. La política en movimiento. *Revista de la Escuela de Antropología, 17*, 55-64.

Manzo, A. G. (2011). La penetración del neoliberalismo en los ámbitos subnacionales. El caso Córdoba: análisis de las leyes provinciales del Estado nuevo y el Pacto fiscal. *Civilizar* 11 (21), 15-32, julio-diciembre.

Masetti, A. (2011). Las tres transformaciones de la política pública asistencial. *Entramados y perspectivas 1*(1), 9-36.

Menéndez, E. (2002). El malestar actual de la Antropología o de la casi imposibilidad de pensar lo ideológico. *Revista de Antropología Social, 11*, 39-87.

Menéndez, E. (2010). *La parte negada de la cultura. Relativismo, diferencias y racismo.* Prohistoria.

Meneyián, M. (2007, 19, 20 y 21 septiembre). *Alternativas educativas y proyecto político: el caso de un Bachillerato de Adultos en una empresa recuperada* [ponencia]. Cuartas Jornadas de Jóvenes Investigadores. Instituto de Investigaciones Gino Germani. Buenos Aires, Argentina.

Michi, N. (2008). *Movimientos campesinos y educación. Estudio sobre el Movimento dos Trabalhadores Rurais Sem Terra y Movimiento Campesino de Santiago del Estero-VC* [tesis de doctorado no publicada, Universidad de Buenos Aires].

Milstein, D. (2008). Niños y niñas que enseñan: el grito de justicia. *Revista MAYU Medio Ambiente y Urbanización, del Instituto Nacional de Medio Ambiente y Desarrollo de América Latina, 69*, 5-20.

Milstein, D. (2009). *La nación en la escuela. Viejas y nuevas tensiones políticas.* Miño y Dávila.

Misirlis, G. (2009). Deudas y desafíos en la educación de jóvenes y adultos: una mirada desde un enfoque político-didáctico. *II Seminario de Alfabetización*. Fundación Santillana – OEI. Recuperado de: [https://issuu.com/oeibibliotecadigital/docs/epja-una-mirada-politico-didactica/11].

Molina, G. (2013). *Género y sexualidades entre estudiantes secundarios. Un estudio etnográfico en escuelas cordobesas*. Miño y Dávila.

Montesinos, M. P., Schoo, S. y Sinisi, L. (2010). Trayectorias socio-educativas de jóvenes/adultos y su experiencia en relación a la escuela media. *Serie Informes de Investigación N°1*. DiNIECE, Ministerio de Educación de la Nación.

Movimiento de Trabajadores Desocupados Aníbal Verón (2012). Darío y Maxi dignidad piquetera. *El gobierno de Duhalde y la planificación criminal de la masacre del 26 de junio en Avellaneda.* El Colectivo.

Padawer, A. (2010). Tiempo de estudiar, tiempo de trabajar: la conceptualización de la infancia y la participación de los niños en la vida productiva como experiencia formativa. *Horizontes antropológicos, 34*, 349-375.

Petit, M. (1999). *Nuevos acercamientos a los jóvenes y la lectura.* Fondo de Cultura Económica.

Pineau, P. (1988). El concepto de Educación Popular; un rastreo histórico. *Revista del Instituto de Investigaciones en Ciencias de la Educación, 7*(13), 1-9.

Pontual, P. (2008). Movimientos sociales, tema vital para la educación popular. *La Piragua, 27*(1), 3-6.

Puiggrós, A. (1993). Historia y prospectiva de la educación popular latinoamericana. En M. Gadotti y C. Torres (comps.). *Educación Popular. Crisis y Perspectivas*, (pp.33-43). Miño y Dávila.

Quirós, J. (2006). *Cruzando la Sarmiento. Una etnografía sobre piqueteros en la trama social del sur del Gran Buenos Aires.* Antropofagia.

Quirós, J. (2009). Política e economia na ação coletiva: uma crítica etnográfica às premissas dicotômicas. *Mana, 15*(1), 127-153.

Quirós, J. (2011). *El porqué de los que van: Peronistas y piqueteros en el Gran Buenos Aires (una antropología de la política vivida).* Antropofagia.

Restrepo, E. (2016). *Etnografía: alcances, ténicas y éticas.* Envión.

Rockwell, E. (1987). *Repensando institución: una lectura de Gramsci.* Documento DIE, Departamento de Investigaciones Educativas, Centro de Investigación y de Estudios Avanzados del IPN.

Rockwell, E. (1995). *La escuela cotidiana.* Fondo de Cultura Económica.

Rockwell, E. (1996). Claves para la apropiación: Escolarización Rural en México. En B. Levinson, D. Foley y D.C. Holland. *The Cultural production of educated person. Critical etnographies of schooling and local practices.* State University of New York.

Rockwell, E. (2000). La otra diversidad: historias múltiples de apropiación de la escritura. *DiversCité Langues V.* [http://www.teluq.uquebec.ca/diverscite].

Rockwell, E. (2009). *La experiencia etnográfica. Historia y cultura en los procesos educativos.* Paidós.

Rockwell, E. (2011). Los niños en los intersticios de la cotidianeidad escolar. ¿Resistencia, apropiación o subversión? En G. Batallán y M. R. Neufeld. *Discusiones sobre infancia y adolescencia. Niños y jóvenes dentro y fuera de la escuela.* Biblos.

Rodríguez, L. (2008). *Situación presente de la educación de personas jóvenes y adultas en Argentina.* CREFAL.

Rodríguez, L., Haadad, S., Corvalán, J., Zayas Rossi, L. I. y Ubilla, P. (2009). Reporte sobre el estado actual de la educación de personas jóvenes y adultas en Argentina, Brasil, Chile, Paraguay y Uruguay. *Revista Interamericana de Educación de Adultos, 31*(1), 7-38.

Roseberry, W. (2007). Hegemonía y el lenguaje de la controversia. *Antropología del Estado, Cuadernos de Futuro, 23*, 117-139.

Ruíz Muñoz, M. (2005). *Imbricación de lo político y lo pedagógico en los procesos de educación de adultos: Dos estudios en caso.* Centro de Cooperación Regional para la Educación de Adultos en América Latina y el Caribe.

Sales Caldart, R. (2000). O MST e a formação dos sem terra: o movimento social como principio educativo. En *La Ciudadanía Negada. Políticas de Exclusión en la Educación y el Trabajo*, (pp. 125-144). CLACSO.

Santillán, L. (2007). *Trayectorias educativas y cotidianeidad: Una etnografía del problema de la educación y la experiencia escolar en contextos de desigualdad* [tesis doctoral no publicada, Universidad de Buenos Aires].

Schijman, E. y Laé, J. F. (2011). Las rondas de las mujeres por las ventanillas del Estado. Etnografía de un trabajo invisible. *Trabajo y Sociedad, 15*(16), 67-83.

Schneider, A. (2013). Política laboral y protesta obrera durante la presidencia de Néstor Kirchner (2003-2007). En J. Grigera (comp.). *Argentina después de la converetibilidad (2002-2011)*, (pp. 97-114). Imago Mundi.

Shore, C. (2010). La antropología y el estudio de la política pública: reflexiones sobre la "formulación" de las políticas. *Antípoda, 10*, 21-49.

Sigaud, L. (2004). Ocupacoes de terra, Estado e movimentos sociais no Brasil. *Cuadernos de Antropología Social, 20*, 11-23.

Sleiman, V., Morua, C. y Audisio, N. (2015). Humo, asfalto y conquistas. El Plan Argentina Trabaja y la lucha piquetera. *El Aromo*, 66. DOI: [https://razonyrevolucion.org/humo-asfalto-y-conquistas-el-plan-argentina-trabaja/].

Svampa, M. (2004). Las organizaciones piqueteras: actualización, balance y reflexiones. En M. Svampa. *Entre la ruta y el barrio. La experiencia de las organizaciones piqueteras*. Biblos (2da. Ed).

Sverdlick, I. y Costas, P. (2008). Bachilleratos Populares en empresas recuperadas y organizaciones sociales en Buenos Aires. Laboratorio de Políticas Públicas. [www.lpp-buenosaires.net].

Turner, V. (1974). *Drams, fields and metaphors*. Cornell University Press.

Vázquez, M. (2011). *Socialización política y activismo. Carreras de militancia política de jóvenes referentes de un movimiento de trabajadores desocupados* [tesis de doctorado no publicada, Universidad de Buenos Aires].

Williams, R. (1980). *Marxismo y literatura*. Península.

Woods, M. (2009). Instituciones de la sociedad civil y dominación estatal: efectos de despolitización de la intervención social de la Iglesia Católica. En M. Grimberg, M.I. Fernández Alvarez y R. Carvalho (edits.). *Estado y movimientos sociales: estudios etnográficos en Argentina y Brasil*, (pp. 113-130). Antropofagia.

Zibechi, R. (2007). *Autonomías y emancipaciones. América Latina en movimiento*. UNMSM editora.

Normativas y fuentes estadísticas

Congreso de la Nación (1992, 07 de enero). *Ley de Transferencia de Servicios Educativos N° 24.049*. [https://www.argentina.gob.ar/normativa/nacional/ley-24049-448/texto].

Congreso de la Nación (1993, 14 de abril). *Ley Federal de Educación N° 24.195*. [https://www.argentina.gob.ar/normativa/nacional/ley-24195-17009/texto].

Congreso de la Nación (2006, 14 de diciembre). *Ley de Educación Nacional N° 26.206*. [https://www.argentina.gob.ar/educacion/validez-titulos/glosario/ley26206].

Dirección General de Estadística y Censos de la provincia de Córdoba (2008). *Censo Provincial de Población (2008)*. [https://datosestadistica.cba.gov.ar/dataset/censo-provincial-2008-resultados-definitivos].

Instituto Nacional de Estadísticas y Censo (1999). *Encuesta Permanente de Hogares*. República Argentina. [https://www.indec.gob.ar/indec/web/Institucional-Indec-BasesDeDatos].

Instituto Nacional de Estadísticas y Censo (2010). *Censo Nacional de Población, Hogares y Viviendas*. República Argentina. [https://www.indec.gob.ar/indec/web/Nivel4-Tema-2-41-135].

Ministerio de Educación de la Nación (2008a). *Resolución N°917-08*. [http://www.edusalta.gov.ar/index.php/docentes/control-y-acreditacion-de-titulos/normativa-control-y-acreditacion-de-titulos/3683-res-min-educacion-de-la-nacion-n-917-08].

Ministerio de Educación de la Nación (2008b). *Informe nacional sobre el desarrollo del aprendizaje y la educación de adultos.* [https://uil.unesco.org/fileadmin/multimedia/uil/confintea/pdf/National_Reports/Latin%20America%20-%20Caribbean/Argentina.pdf].

Ministerio de Educación de la Nación (2009). *Informe del Ministerio de Educación de cara a la VI Confintea.* [https://uil.unesco.org/fileadmin/download/en/national-reports/latin-america-and-caribbean/Argentina.pdf].

Ministerio de Educación de la Nación (2011). *Documento para Maestros Tutores Fines Primaria.* [http://www.bnm.me.gov.ar/giga1/documentos/EL005281.pdf].

AGRADECIMIENTOS

A todas las personas que protagonizaron las experiencias aquí analizadas. Por el tiempo, la predisposición y la apertura a vincularse conmigo durante mi trabajo de campo.

A Elena Achilli, por asumir con pasión los "desafíos de transmitir el oficio" y por hacerlo siempre en clave colectiva. A Diana Milstein, por su calidez y por confiar en la importancia de publicar estas páginas.

A Marietta Lorenzatti y Mariana Nemcovsky, por la confianza con la que dirigieron la investigación que dio lugar a este libro y a Elisa Cragnolino por cobijarme en el programa de Educación Rural y de Jóvenes y Adultos de la UNC.

A lxs colegas del Museo de Antropología de Córdoba con quienes forjé mis primeras discusiones sobre etnografía política: Julieta Quirós, Marcos Luna, Celeste Godoy, Victoria Perissinotti y Julián Fanzini.

A lxs amigxs, colegas y tesistas con los que he compartido diversos debates sobre cuestiones educativas que nutren estas páginas: Marilín López Fittipaldi, Javier García, Rocío Arrieta, Guada Montenegro, Vero Ligorria, Laura Ominetti, Mercedes Saccone, Pao Navarro, Maca Gómez, Lucre Cocha, Gaby Srur, Denise Zenklusen, Julián Mignino, Chechu Argañaraz, Paula Sciolla y Vero Bono.

A mi familia y en especial a Julio, por el apoyo constante a todos mis proyectos.

www.ingramcontent.com/pod-product-compliance
Ingram Content Group UK Ltd.
Pitfield, Milton Keynes, MK11 3LW, UK
UKHW041639190726
13854UKWH00006B/2583

9 788418 929120